Herderbücherei
Band 1737

Über das Buch

Voll spiritueller Tiefe und Klarheit weist Henri Nouwen dem Suchenden den dreifachen Weg des geistlichen Lebens: von der Einsamkeit zur stillen Einkehr, von der Feindseligkeit zur Gastfreundschaft, von der Illusion zum Gebet.
„Mitten im turbulenten, ja oft chaotischen Leben sind wir dazu berufen, mit mutiger Ehrlichkeit zu unserem Personkern und mit immer inständigerem Gebet zu Gott vorzustoßen." Ein sehr persönliches Buch, das Orientierung gibt und Richtung weist auf dem Weg zu Gott.

Über den Autor

Henri J. M. Nouwen, geboren 1932 in Holland, war bis 1986 Professor für Pastoraltheologie und Spiritualität, zuletzt an der Harvard-Universität in Cambridge/USA, seit August 1986 ist er geistlicher Berater und Mitarbeiter der Bewegung „Die Arche", die sich der ganzheitlichen Betreuung geistig Behinderter widmet, in Richmond/Kanada. Er ist einer der bedeutendsten geistlichen Autoren der Gegenwart. Im Verlag Herder sind bereits viele seiner Bücher in deutscher Sprache erschienen. Als Herder Taschenbuch Nr. 1668 erschien 1990 „Gebete aus der Stille. Den Weg der Hoffnung gehen".

Henri J. M. Nouwen

Der dreifache Weg

Herderbücherei

Titel der Originalausgabe:
Reaching out.
The Three Movements of the Spiritual Life.
Erschienen bei Doubleday & Company, Inc., New York

Übertragung aus dem Englischen von
P. Dr. Radbert Kohlhaas OSB

Alle Rechte vorbehalten – Printed in Germany
© Verlag Herder Freiburg im Breisgau 1984
Imprimatur. – Freiburg im Breisgau, den 17. 8. 1984
Der Generalvikar: Dr. Schlund
Herstellung: Freiburger Graphische Betriebe 1991
ISBN 3-451-08737-5

Inhalt

Vorwort 7
Einleitung 11

DER WEG ZUM PERSONKERN

Der erste Schritt: Von der Einsamkeit zur Stille

Erstes Kapitel: Im Würgegriff der Einsamkeit 16
Zweites Kapitel: Offene Stille 31
Drittes Kapitel: Schöpferische Antwort 43

DER WEG ZUM MITMENSCHEN

Der zweite Schritt: Von der Feindseligkeit zur Gastfreundschaft

Viertes Kapitel: Platz schaffen für Fremde 58
Fünftes Kapitel: Formen der Gastfreundschaft 72
Sechstes Kapitel: Die Gastfreundschaft und der Gastgeber 96

DER WEG ZU UNSEREM GOTT

Der dritte Schritt: Von der Illusion zum Gebet

Siebtes Kapitel: Gebet und Sterblichkeit 108
Achtes Kapitel: Das Herzensgebet 128
Neuntes Kapitel: Gemeinschaft und Gebet 145

Schluß 157
Anmerkungen 159

Dank und Widmung

Der Gedanke, dieses Buch zu schreiben, kam mir erstmals an der Yale Divinity School während eines kurzen, lebhaften Seminars über christliche Spiritualität. Seine letzten Seiten wurden zweieinhalb Jahre später während einer langen, stillen Zeit der Einkehr in der Trappistenabtei am Genesee niedergeschrieben. Wenn dieses Buch mir auch mehr am Herzen liegt als alles, was ich geschrieben habe, und versucht, meine innersten Gedanken und Gefühle zum Thema Christsein auszudrücken, so ist es doch eindeutig das Buch, bei dem ich am meisten auf Hilfe angewiesen war und sie auch erhalten habe.

Ohne das Interesse, die kritischen Anmerkungen und die ureigenen Beiträge vieler meiner Hörer wäre ich nie zur Unterscheidung zwischen Person- und Privatsphäre gekommen, zwischen dem, was Allgemeingültigkeit besitzt, und dem, was „nur ich" bin.

Ich bin Gary Cash zu Dank verpflichtet. Er hat mich umsichtig unterstützt bei dem Bemühen, in dieses Werk viele Gedanken einzubringen, die die Hörer, angeregt durch unser erstes Seminar, geäußert haben. Auch Ellie Drury bin ich sehr dankbar, die mir Mut gemacht hat, unmißverständlich und unumwunden zu sagen, was ich zu sagen hatte, und Mrs. James Angell, die mir geholfen hat, das in korrektem Englisch zu tun. Ein besonderes Dankeswort gebührt John J. Delaney, Dorothy Holman und John Eudes Bamberger, die mir mit ihrem Rat bei der Redaktion unschätzbare Dienste geleistet haben.

In inniger Liebe widme ich dieses Buch meiner Mutter und meinem Vater, die den Raum geschaffen haben, in dem ich Gottes Ruf hören und befolgen konnte.

Vorwort

Dieses Buch will die Frage beantworten: „Was heißt, sein Leben im Geiste Jesu Christi führen?" Es ist daher ein persönliches Buch, ein Buch, das aus einem Ringen geboren wurde, das zuallererst mein eigenes war und noch ist. Aber im Laufe der Jahre sah ich immer deutlicher, daß ich, wenn ich dieses Ringen intensivieren und seinen Wurzeln nachgehen würde, auf eine Ebene gelangte, auf der es auch anderen zugänglich werden konnte. Dieses Buch bietet keine Antworten oder Lösungen, aber es wurde in der Überzeugung geschrieben, daß es sich lohnt, unter Mühen und Schmerzen nach einer echt christlichen Spiritualität zu suchen; können wir doch schon, wenn diese Suche noch in vollem Gang ist, Zeichen entdecken, die uns Hoffnung, Mut und Zuversicht schöpfen lassen.

Ich habe in den letzten Jahren viele Arbeiten über Spiritualität und das geistliche Leben gelesen; ich habe viele Vorträge gehört, mit vielen Lehrern des geistlichen Lebens gesprochen und viele Ordensgemeinschaften besucht. Ich habe viel erfahren, aber jetzt ist der Augenblick für die Einsicht reif, daß weder Eltern noch Lehrer noch Ratgeber viel mehr vermögen, als eine freie und einladende Gegend anzubieten, in der man ganz und gar auf sich gestellt seinen Weg suchen muß. Vielleicht war es meine eigene, tiefsitzende Angst vor dem einzig und allein auf mich selbst Angewiesen-Sein, die mich von Pontius zu Pilatus, von Buch zu Buch und von Schule zu Schule trieb, wobei ich alles daransetzte, der schmerzlichen Verantwortung für mein eigenes Leben auszuweichen. All das ist sehr wohl möglich, aber wichtiger ist, daß der Augenblick gekommen zu sein scheint, in dem ich mich nicht mehr abwartend auf andere berufen kann: „Einige sagen ..., wieder andere sagen", sondern mich der Frage stellen muß: „Aber was sagt ihr?" (vgl. Mk 8, 27-30.)

Die Frage nach dem geistlichen Leben ist eine sehr provozierende Frage. Sie geht an den Lebensnerv. Sie verwehrt uns unerbittlich, etwas als selbstverständlich vorauszusetzen – weder Gut noch Böse, weder Leben noch Tod, weder Menschen noch Gott. Ebendeshalb ist diese Frage, die einerseits nur mich zutiefst angeht, auch die Frage, die so sehr nach Weisung verlangt. Ebendeshalb erfordern die Entscheidungen, die uns allerpersönlichst angehen, ein Höchstmaß an Hilfe. Ebendeshalb kann ich sogar noch nach vielen Studien- und Ausbildungsjahren und nach all dem guten Rat und der Weisung vieler mit Dante sagen: „Nach halber Fahrt durch unser Erdenleben fand ich in einem Wald mich, irregegangen."[1] Das ist eine schreckliche, zugleich aber auch eine erhebende Erfahrung, denn es ist die großartige Erfahrung, allein zu sein, allein in der Welt und allein vor Gott.

Ich habe dieses Buch ganz bewußt geschrieben, denn ich bin immer mehr davon überzeugt, daß mein Leben anderen ebenso gehört wie mir selbst, und daß das, was man als einzigartig empfindet, sich oft als etwas erweist, das fest in unser aller Menschsein eingebettet ist.

Man könnte alles, was auf den folgenden Seiten steht, zusammenfassen und sagen, daß das geistliche Leben der Weg zu unserem Personkern, zu unseren Mitmenschen und zu Gott ist. „Weg" bringt wirklich die Geisteshaltung und die Absicht dieses Buches am besten zum Ausdruck. Mitten im turbulenten, ja oft chaotischen Leben sind wir dazu berufen, mit mutiger Ehrlichkeit zu unserem Personkern, mit unbeirrbarer Liebe zu unseren Mitmenschen und mit immer inständigerem Gebet zu Gott vorzustoßen. Um das zu können, müssen wir uns aber ohne Umschweife unserer inneren Unruhe, unseren gemischten Gefühlen anderen gegenüber und unserem tief eingewurzelten Argwohn,

Gott könnte gar nicht da sein, stellen und sie untersuchen.

Lange habe ich gezögert, dieses so sehr persönlich bedingte Buch zu schreiben. Wie kann ich anderen etwas über den Weg sagen, während ich mich doch oft in meinen eigenen Leidenschaften und Schwächen verstrickt finde? Da fand ich Trost und Mut bei einem der strengsten Asketen, Johannes Climacus, der im siebten Jahrhundert vierzig Jahre lang am Berg Sinai ein Einsiedlerleben geführt hat. In seinem Kapitel über die Unterscheidung der Geister, der 26. „Sprosse" seiner „Geistlichen Leiter", schreibt er:

„Sollten aber einige noch unter der Herrschaft ihrer früheren schlechten Gewohnheiten stehen, aber in der Lage sein, wenigstens mit Worten zu lehren, so soll man sie lehren lassen ... Denn vielleicht bringen ihre eigenen Worte sie in Verlegenheit, so daß sie sich schließlich doch noch zu der Praxis bekehren, die sie lehren."

Diese Worte reichen wohl aus, meine Bedenken zu zerstreuen und mich unbefangen die hohe Berufung des Menschen darstellen zu lassen, zu Gott und zu denen vorzustoßen, die nach seinem Bild und Gleichnis geschaffen sind.

Abtei am Genesee *Henri J. M. Nouwen*
Piffard, New York

Einleitung

In einer Gesellschaft, die großen Wert auf Entwicklung, Fortschritt und Leistung legt, kann es leicht geschehen, daß sich die Sorge um das geistliche Leben etwa in folgenden Fragen niederschlägt: „Wie weit habe ich es gebracht?" – „Bin ich gereift, seit ich den Weg des geistlichen Lebens eingeschlagen habe?" – „Auf welcher Stufe stehe ich jetzt, und wie komme ich auf die nächste?" – „Wann kommt für mich der Augenblick des Einswerdens mit Gott und die Erfahrung des inneren Lichtes oder der Erleuchtung?" Obgleich keine dieser Fragen an sich belanglos ist, können sie doch im Kontext einer erfolgsorientierten Gesellschaft gefährlich werden. Viele große Heilige haben ihre religiösen Erfahrungen geschildert und viele nicht ganz so große Heilige haben sie in Systeme mit verschiedenen Phasen, Stufen oder Stadien gebracht. Diese Klassifizierungen können eine Hilfe sein für die Autoren von Büchern oder für den Unterricht, aber es ist sehr wichtig, daß wir die Welt der Maße und Gewichte hinter uns lassen, wenn wir vom Leben im Geist sprechen. Das kann man an einer persönlichen Überlegung verdeutlichen:

Wenn ich mich nach vielen Jahren im Erwachsenenalter frage: „Wo stehe ich als Christ?", gibt es ebenso viel Gründe zum Pessimismus wie zum Optimismus. Viele Kämpfe, die ich vor zwanzig Jahren zu bestehen hatte, machen mir immer noch sehr zu schaffen. Ich suche immer noch den inneren Frieden, ein fruchtbares Verhältnis zum Nächsten und die Erfahrung Gottes, und weder ich noch sonst jemand kann mit Sicherheit feststellen, ob die leichten psychischen Veränderungen, die in den letzten Jahren eingetreten sind, mir als geistlichem Menschen zum Vorteil oder zum Nachteil gereicht sind.

Eins aber können wir sagen: Mitten in all unseren Nöten und Sorgen, die sich im Laufe der Jahre oft beängstigend ähnlich geblieben sind, können wir die verschiedenen Pole deutlicher erkennen, zwischen denen unser Leben schwingt und in seiner Spannung gehalten wird. Diese Pole liefern uns den Zusammenhang, in dem wir über das geistliche Leben sprechen können; denn jeder, der sich bemüht, ein Leben im Geiste Jesu Christi zu führen, kann sie bei sich feststellen.

Das erste Spannungsfeld betrifft unsere Beziehung zu uns selbst. Es ist das Spannungsfeld zwischen Einsamkeit und stiller Einkehr. Das zweite Spannungsfeld bildet die Grundlage unseres Verhältnisses zu anderen. Es ist das Spannungsfeld zwischen Feindseligkeit und Gastfreundschaft. Das dritte, letzte und wichtigste Spannungsfeld bestimmt unser Verhältnis zu Gott. Es ist das Spannungsfeld zwischen Illusion und Gebet. Im Laufe unseres Lebens entdecken wir nicht nur immer mehr unsere bis zum Weinen beklagenswerte Einsamkeit, sondern auch unser echtes Verlangen nach Stille des Herzens; wir kommen nicht nur zu der schmerzlichen Feststellung, daß wir uns bis zur Grausamkeit anderen verweigern, sondern auch, daß unsere Hoffnung dahin geht, unseren Mitmenschen vorbehaltlos Gastfreundschaft zu erweisen; und unter all dem entdecken wir nicht nur die unaufhörlichen Illusionen, die uns auftreten lassen, als seien wir die Herren unseres Geschicks, sondern auch die sensible Gabe des Gebetes, die tief in unserem Innersten verborgen liegt.

So bewegt das geistliche Leben sich ständig zwischen den Polen der Einsamkeit und der Stille, der Feindseligkeit und der Gastfreundschaft, der Illusion und des Gebetes. Je mehr uns das schmerzliche Eingeständnis unserer Einsamkeit, unserer feindseligen Haltung und unserer Illusionen gelingt, um so mehr gelingt es uns auch, Stille, Gastfreundschaft und Gebet in die Idealvorstellung zu integrieren, die wir von unserem Leben haben. Wenn wir uns auch nach vielen Lebensjahren oft einsamer, feindseliger und illusionsreicher vorkommen als zu der Zeit, da wir kaum über eine Vergangenheit nachsinnen konnten, so wissen wir doch auch besser als zuvor, daß all diese schmerzlichen Erfahrungen in uns den Drang, um eine still-beschauliche, gastfreundliche und fromme Lebensform zu ringen, vertieft und intensiviert haben.

Wenn man also über das geistliche Leben schreibt, geht man vor wie beim Abziehen von Bildern vom Fotonegativ. Vielleicht ist es sogar gerade die Erfahrung der Einsamkeit, die uns die ersten, tastenden Versuche zur Beschreibung der stillen Beschaulichkeit ermöglicht. Vielleicht ist es ausgerechnet der Schock angesichts unseres feindseligen Selbst, der uns die Zunge löst, damit wir die Gastfreundschaft als eine echte Alternative erwähnen können, – und vielleicht finden wir ohne die böse Entdeckung unserer eigenen Illusionen nie den Mut, das Gebet als etwas zu erwähnen, wozu der Mensch berufen ist. Oft ist es der dunkle Wald, der uns das freie Feld erwähnen läßt. Der Gedanke an die Freiheit kommt uns oft in der Gefangenschaft, der Hunger ist der beste Koch, und der Krieg bringt den Frieden ins Gespräch. Nicht selten sind unsere Zukunftsvisionen eine Frucht der Leiden, die uns im Augenblick bedrücken, und unsere Hoffnung für andere eine Frucht unserer eigenen Verzweiflung. Nur selten beglücken „Happy Ends" uns wirklich, aber oft schöpfen wir wieder Hoffnung, wenn jemand die Doppelbödigkeiten, Ungewißheiten und schmerzlichen Umstände des Lebens präzis und ehrlich anspricht. Das ist ja gerade das Paradox, daß neues Leben unter Schmerzen aus dem alten geboren wird.

Das Leben Jesu hat uns ganz deutlich gezeigt, daß wir uns im geistlichen Leben an nichts vorbeimogeln können. Wenn wir uns an der Einsamkeit, der feindseligen Haltung oder der Illusion vorbeimogeln, werden wir nie zur stillen Einkehr, zur Gastfreundschaft und zum Gebet gelangen. Wir werden nie ganz sicher sein, ob wir das neue Leben, das wir mitten im alten entdecken können, auch restlos verwirklichen. Vielleicht sind wir noch bis an unser Ende einsam und feindselig und nehmen unsere Illusionen mit ins Grab. Das scheint vielen so zu gehen. Aber wenn Jesus uns auffordert, unser Kreuz auf uns zu nehmen und ihm nachzufolgen (Mk 8, 34), so ist das eine Einladung, weit über unseren gebrochenen und sündhaften Seinszustand hinauszugreifen und ein Leben zu verwirklichen, das schon das Große ahnen läßt, das für uns bereitsteht.

Die Überzeugung, daß es im geistlichen Leben vor allem darum geht, die inneren Polaritäten, die an uns zerren, in den Blick zu bekommen, hat dazu geführt, dieses Buch in drei Teile zu gliedern, die jeweils für einen eigenen Schritt im geistlichen Leben stehen. Beim ersten Schritt, der von der Einsamkeit zur stillen Einkehr führt, geht es hauptsächlich um das geistliche Leben im Hinblick auf unsere Selbsterfahrung. Beim zweiten Schritt, der von der Feindseligkeit zur Gastfreundschaft führt, geht es um unser geistliches Leben als Leben für andere. Der dritte und letzte Schritt, der von der Illusion zum Gebet führt, bietet uns Gelegenheit zu einigen vorsichtigen Aussagen über das allerwichtigste und geheimnisvollste Verhältnis, das der Ursprung jeglichen geistlichen Lebens ist, unser Verhältnis zu Gott.

Man braucht wohl nicht zu betonen, daß diese Schritte sich nicht scharf voneinander abheben. Bestimmte Themen klingen auf den einzelnen Stufen in verschiedenen Tonarten wieder auf und gehen oft wie die Sätze einer Symphonie ineinander über. Aber die Gliederung wird hoffentlich dazu beitragen, uns die einzelnen Elemente des geistlichen Lebens zu verdeutlichen und uns so zu ermutigen, zu unserem Personkern, zu unseren Mitmenschen und zu Gott vorzustoßen.

Der Weg zum Personkern

Der erste Schritt:
Von der Einsamkeit zur Stille

Erstes Kapitel
Im Würgegriff der Einsamkeit

Zwischen Konkurrenz und Miteinander

Es ist gar nicht so einfach, sich in die schmerzliche Erfahrung der Einsamkeit zu versetzen. Von ihr wahrt man gern Abstand. Und doch ist sie eine Erfahrung, die an irgendeinem Punkt in unser aller Leben einbricht. Man hat sie vielleicht schon im Kindesalter gemacht, wenn man in der Schulklasse ausgelacht wurde, weil man schielte, oder als Teenager, wenn man erst als Spieler allerletzter Wahl in die Baseball-Mannschaft aufgenommen wurde. Man hat sie vielleicht gemacht, wenn man im Internat von Heimweh gepackt oder von Zorn erfaßt wurde, weil man nicht in der Lage war, unsinnige Bestimmungen zu ändern. Man hat sie vielleicht als junger Erwachsener an einer Universität gemacht, wo jeder nur von akademischen Graden sprach, ein guter Freund aber schwer zu finden war, oder bei einem Gemeinschaftsunternehmen, bei dem niemand sich um die Vorschläge scherte, die man eingebracht hatte. Man hat sie vielleicht als Dozent gemacht, wenn man von den Hörern kein Echo auf die sorgfältig vorbereiteten Vorlesungen erhielt, oder als Prediger, wenn die Leute bei der gut gemeinten Predigt vor sich hindösten. Und vielleicht macht man sie immer noch Tag für Tag bei Vorstandssitzungen, Konferenzen und Konsultationen, bei Überstunden im Büro oder bei eintöniger Handarbeit oder ganz unversehens, wenn man in einer stillen Stunde den Blick von einem Buch, das uns nicht fesseln kann, ziellos in die Weite schweifen läßt.

Wohl jeder Mensch kann sich ähnlicher oder viel dramatischerer Situationen erinnern, in denen er oder sie das eigentümliche Nagen im Herzen, den inneren Hunger und die verwirrende Unruhe gespürt hat, die uns zu der Feststellung nötigt: „Ich fühle mich einsam."

Die Einsamkeit ist eine der verbreitetsten allgemeinmenschlichen Erfahrungen, aber die moderne westliche Gesellschaft hat unsere Einsamkeit in ein ungewöhnlich helles Licht gerückt.

Als ich kürzlich in New York City war, habe ich folgende Notiz an meine eigene Adresse gerichtet:

Ich sitze in der U-Bahn und bin von schweigenden Menschen umgeben, die sich hinter ihrer Zeitung verstecken oder vor sich hin in die Welt ihrer Vorstellungen schauen. Niemand spricht mit Fremden, und ein Polizist, der durch den Zug patrouilliert, erinnert mich dauernd daran, daß die Menschen nicht darauf aus sind, einander zu helfen. Aber wenn ich an den Abteilwänden umherschaue, die übersät sind mit Reklamen, die größere Kauflust wekken oder für Neuheiten werben wollen, sehe ich junge, schöne Menschen in froher, liebevoller Umarmung, unternehmungslustige Männer und Frauen, die einander in flinken Segelbooten anlächeln, stolze Kundschafter hoch zu Roß, die einander zu kühnen Abenteuern animieren, zutrauliche Kinder beim Reigen am sonnigen Strand und charmante junge Mädchen, immer bereit, mich im Flugzeug oder auf dem Ozeanriesen zu umsorgen. Während die U-Bahn aus einem dunklen Tunnel in den andern saust und ich nervös auf meine Brieftasche achte, künden die Worte und Bilder, die meine von Ängsten geplagte Welt ausschmücken, von Liebe, Güte, Zärtlichkeit und von den geselligen Freuden unbeschwerter Menschen.

Die moderne Gesellschaft, der wir ja auch angehören, liefert uns den Beweis für unsere Einsamkeit. Wir stellen immer mehr fest, daß wir in einer Welt leben, in der Konkurrenzkampf und Rivalität sogar bis in die Intimsphäre reichen.

Daraus scheint sich mit logischer Folgerichtigkeit auch die Pornographie zu ergeben. Sie ist käufliche Intimität. In den vielen Porno-Läden starren Hunderte einsamer junger und älterer Männer, ganz besorgt, es könne jemand sie erkennen, stumm auf die Bilder nackter Mädchen, die ihre Vorstellungen in die bedrückende Intimität von Gemächern ziehen, in denen ein wildfremder Mensch ihre Einsamkeit dahinschmelzen lassen wird. Der Straßenlärm erinnert unterdessen unüberhörbar an den grausamen Kampf ums Dasein, Geräusche, die auch die Sex-Spelunken nicht zum Schweigen bringen können, zumal dann nicht, wenn die Ladenbesitzer ihre Kunden beharrlich mahnen, doch etwas zu kaufen anstatt sich „nur etwas anzuschauen".

Die Einsamkeit ist heutzutage eine der geläufigsten Ursachen menschlichen Leides. Nach der Aussage von Psychiatern und Psychotherapeuten ist sie das Leiden, über das die Patienten am häufigsten klagen. Sie ist nicht nur die eigentliche Ursache einer steigenden Selbstmordkurve, sondern auch des Alkoholmißbrauchs, des Drogenkonsums, etlicher psychosomatischer Symptome – wie Kopfschmerzen, Magenbeschwerden und Schmerzen in der Lendenwirbelgegend – und einer großen Zahl von Verkehrsunfällen. In einer Welt, in der man versucht, Ellbogentaktik mit einer Zivilisation in Einklang zu bringen, in der Miteinander, Einheit und Gemeinschaft als erstrebenswerte Ideale hingestellt werden, geraten Kinder, Jugendliche, Erwachsene und Senioren immer mehr in die Gefahr, von der Seuche der Einsamkeit befallen zu werden.

Wie kommt es nur, daß so viele Parties und gemütliche Runden uns so leer und traurig lassen? Vielleicht hindert sogar dort das tief eingefleischte und oft unbewußte Konkurrenzschielen nach dem anderen die Menschen daran, sich vor einander so zu geben, wie sie sind, und Bande zu knüpfen, die die Party überdauern. Wo wir immer willkommen sind, fällt wohl auch unsere Abwesenheit nicht so sehr ins Gewicht, und wenn jeder Zutritt hat, wird man niemanden besonders vermissen. Normalerweise gibt es genug zu essen und Menschen genug, die dazu bereit sind, aber oft scheint es, daß das Mahl nicht mehr die Kraft besitzt, Gemeinschaft zu stiften, und nicht selten spüren wir beim Aufbruch von einer Party unsere Einsamkeit noch mehr als bei unserer Ankunft.

Dabei klingt aus unserem Umgangston alles andere als Einsamkeit: „Kommen Sie doch, bitte, herein, es ist so schön, daß Sie hier sind ... Darf ich Sie hier einem meiner ganz besonderen Freunde vorstellen, der sich sehr freuen wird, Sie kennenzulernen? ... Ich habe schon so viel von Ihnen gehört und kann gar nicht sagen, wie ich mich freue, Sie nun persönlich kennenzulernen ... Was Sie da sagen, ist hochinteressant, ich wollte, das könnten noch mehr Leute hören ... Es war herrlich, mit Ihnen ins Gespräch zu kommen und Sie besuchen zu dürfen ... Ich hoffe sehr, daß wir uns einmal wiedersehen. Sie sind uns wirklich jederzeit willkommen und können ruhig auch noch Freunde mitbringen ... Kommen Sie bald wieder!" Das ist eine Sprache, die das Verlangen nach herzlicher und offener Begegnung erkennen läßt. Leider gelingt es ihr aber in unserer Gesellschaft nicht, uns von den Schmerzen unserer Einsamkeit zu kurieren; denn der eigentliche Schmerz macht sich an einer Stelle bemerkbar, zu der wir kaum jemand Zutritt gewähren können.

Die Wurzeln der Einsamkeit sitzen sehr tief und sind für eine Optimismus ausstrahlende Reklame, für visuellen Liebesersatz oder gesellige Runden unerreichbar. Sie finden Nahrung in dem Verdacht, daß niemanden etwas an uns liegt, daß niemand bereit ist, uns vorbehaltlos zu lieben, und daß es keine Stätte gibt, an der man uns in unserer Wehrlosigkeit nicht ausnutzt. Die vielen kleinen Zurücksetzungen im Alltag – ein sarkastisches Lächeln, eine spöttische Bemerkung, eine glatte Absage oder ein erbittertes Schweigen – mögen alle recht harmlos sein und kaum unsere Beachtung verdienen, wenn sie nicht dauernd in uns die menschliche Grundangst weckten, völlig allein gelassen zu werden mit „nur noch der Finsternis als vertrautem Freund" (Ps 88, 19).

Auf der Flucht vor der schmerzlichen Leere

Diese menschliche Ur-Verlassenheit ist es, die uns bedroht und der wir uns nur so schwer stellen können. Zu oft sind wir geneigt, alles zu versuchen, was in unseren Kräften steht, um dem Gefühl der Einsamkeit zu entrinnen, und manchmal kommen wir auf die schlauesten Tricks, die uns davor bewahren sollen, an diese Gegebenheit auch nur zu denken. Unsere Zivilisation hat die raffiniertesten Mittel gegen Schmerzen erfunden, nicht nur gegen unsere Schmerzen im leiblichen Bereich, sondern auch gegen unsere Gemüts- und Seelenleiden. Wir begraben nicht nur unsere Toten so, als wären sie noch am Leben, sondern wir begraben auch unsere Schmerzen, als wären sie eigentlich nicht vorhanden. Wir haben uns so an diesen Zustand der Unempfindlichkeit gewöhnt, daß uns die Angst packt, wenn nichts oder niemand mehr da ist, um uns abzulenken. Wenn wir kein Vorhaben zu Ende zu führen, keinen Freund zu besuchen, kein Buch zu lesen, keine Fernsehsendung anzuschauen und keine Platte aufzulegen haben, und wenn wir einzig und allein uns selbst ausgeliefert sind, geraten wir so nahe an die Schwelle der Entdeckung unserer menschlichen Ur-Einsamkeit und fürchten uns so sehr vor dem Gefühl einer totalen Verlassenheit, daß wir uns um jeden Preis wieder in die Geschäftigkeit stürzen und das Spiel fortsetzen, das uns glauben macht, es sei schließlich doch alles in bester Ordnung. John Lennon sagt: „Laßt es doch wehtun!", aber wie schwer ist das!

In einem Fernseh-Kolleg einer amerikanischen Fernsehgesellschaft wurden eine Serie von Lebensbildern einer Familie aus Santa Barbara in Kalifornien ausgestrahlt. Diese Serie, die mit dem Titel „Eine amerikanische Familie" gedreht worden war, bot ein ehrliches und ungeschminktes Bild vom Leben, das Mr. und Mrs. Loud („Laut") und ihre fünf Kinder tagaus, tagein führten. Obgleich die Enthüllungen über diese „Durchschnittsfamilie", zu denen auch die

Scheidung der Eltern und das homosexuelle Leben des ältesten Sohnes gehörten, viele Zuschauer schockierten, wäre eine ausführliche Filmanalyse jeder beliebigen anderen Familie wahrscheinlich eben so schockierend gewesen wie diese. Der Film war mit vollem Einverständnis und Wissen aller Familienmitglieder gedreht worden. Er erwies nicht nur, daß es illusorisch war, diese Familie dem amerikanischen Publikum als Beispiel hinzustellen, sondern er zeigte auch in peinlicher Deutlichkeit unsere Neigung, um jeden Preis dem Schmerz aus dem Weg zu gehen. Schmerzliche Angelegenheiten blieben ausgeklammert, und blamable Situationen hat man einfach abgestritten. Am besten hat Pat, die Ehefrau und Mutter in der Familie, diese Haltung mit den Worten zum Ausdruck gebracht: „Ich mag nicht, was mir Unbehagen verursacht." Wohin diese Flucht vor dem Schmerz führt, hat aber der achtzehnjährige Sohn sehr gut in die Worte gefaßt: „Hier sieht man sieben einsame Menschen, die sich verzweifelt abmühen, einander zu lieben – und es nicht schaffen" (Newsweek vom 15. Januar 1973).

Es ist nicht schwer, zu sehen, daß die Familie Loud tatsächlich keine Ausnahme bildet und in mancherlei Hinsicht „Durchschnitt" ist in einer Gesellschaft, in der die Zahl der einsamen Menschen, die vergebens den verzweifelten Versuch anstellen, einander zu lieben, immer noch wächst. Liegt das nicht zum großen Teil an unserer Unfähigkeit, uns dem Schmerz unserer Einsamkeit zu stellen? Die Flucht vor unserer Einsamkeit und der Versuch, uns durch Menschen und Sensationen ablenken zu lassen, sind keine realistischen Methoden zur Behebung unserer menschlichen Notsituation. Wir laufen Gefahr, unglückliche Menschen zu werden, die unter vielen ungestillten Gelüsten leiden und von Wünschen und Hoffnungen geplagt werden, die nie in Erfüllung gehen können. Ist nicht eine gewisse Auseinandersetzung mit unserer Einsamkeit geradezu unerläßlich für jedes schöpferische Tun, und engt die

Furcht vor dieser Auseinandersetzung die Möglichkeit unserer Selbstdarstellung nicht ernstlich ein?

Wenn ich einen Artikel schreiben muß und das leere, weiße Blatt vor mir habe, muß ich mich fast am Stuhl anbinden, um nicht immer noch ein Buch nachzuschlagen, bevor ich meine eigenen Worte zu Papier bringe. Wenn ich nach einem arbeitsreichen Tag allein und frei bin, muß ich in mir den Drang bekämpfen, doch noch einmal zum Telefon zu greifen, noch einmal zum Briefkasten zu gehen oder noch Freunde aufzusuchen, die mir für den Rest des Abends Gesellschaft leisten. Und wenn ich den arbeitsreichen Tag überdenke, steigt manchmal in mir die Frage auf, ob der Lehrbetrieb mit all seinen Vorlesungen, Seminaren, Konferenzen, mit den Prüfungsnormen, die man aufstellen und erfüllen muß, den Prüfungen, denen man sich stellen oder zu denen man hingehen muß, nicht doch zu einer einzigen großen Ablenkung geworden ist – hin und wieder unterhaltsam, aber meistens ein Alibi, mit dem ich mich vor meinem einsamen Ich verstecke, bei dem doch für mich alles Suchen und Forschen seinen Ausgangspunkt haben sollte.

Ein anschauliches Bild des oberflächlichen Lebens, zu dem das führt, hat uns Henry David Thoreau gezeichnet, wenn er schreibt:

> Wenn unser Leben nicht mehr innerlich und ausschließlich unser eigen ist, entartet das Gespräch zum bloßen Klatsch. Wir begegnen selten einem Menschen, der uns etwas berichten kann, was er nicht in der Zeitung gelesen oder von seinem Nachbarn gehört hat; und meistens unterscheiden wir uns nur darin von unserem Mitmenschen, daß er die Zeitung gelesen hat oder zum Tee eingeladen war, wir aber nicht. In dem Maß, in dem unsere Innerlichkeit abnimmt, gehen wir regelmäßiger und verbissener zur Post. Man kann sich darauf verlassen, daß der arme Wicht, der die meisten Briefe nach Hause trägt, stolz auf seine riesige Korrespondenz, schon lange nichts mehr von sich selbst gehört hat."[2]

Die allererste Aufgabe einer Schule sollte darin bestehen, über ihr Vorrecht zu wachen, Freizeit einzuräumen – das lateinische Wort „schola" bedeutet Freizeit, Muße –, damit wir uns und unsere Welt ein wenig besser verstehen lernen.

Man muß tatsächlich energisch darum ringen, Freizeit auch wirklich frei zu halten und die Lehrtätigkeit davor zu bewahren, auch ihrerseits zum bloßen Konkurrenzkampf und zur Rivalität zu entarten.

Allerdings hat die Sache einen Haken: Wir sehnen uns nicht nur nach unserer Freiheit, wir fürchten sie auch. Diese Furcht ist es, die uns unserer Einsamkeit gegenüber so unduldsam macht und verfrüht nach vermeintlichen „Radikalmitteln" greifen läßt.

Die Gefahr des Radikalmittels

In unserer Welt gibt es viel psychisches Leid. Doch manchmal fehlt ihm der rechte Grund, da es aus der falschen Wunschvorstellung stammt, wir seien dazu berufen, einander aus unserer Einsamkeit zu befreien. Wenn unsere Einsamkeit uns weg von uns selbst in die Arme derer treibt, die im Leben unsere Weggefährten sind, stürzen wir uns in Verhältnisse, die uns quälen, in Freundschaften, die wir leid werden, und in Umarmungen, die uns erdrücken. Ausschau zu halten nach Augenblicken oder Stätten, die frei sind vom Schmerz, vom Leid der Trennung, nach Zufluchten, in denen alle Unruhe des Menschenherzens zu innerem Frieden geworden ist, heißt, auf eine Traumwelt warten. Weder Freund noch Geliebter, weder Gatte noch Gattin, weder Gemeinschaft noch Kommune werden unser tiefstes Verlangen nach Einheit und Ganzheit stillen können. Und wenn wir anderen die Last dieser unüberbietbar hochgespannten Erwartungen, deren wir selbst uns oftmals nur zum Teil bewußt sind, aufbürden, könnten wir damit frei gewährte Freundschafts- und Liebeserweise im Keim ersticken und statt ihrer Gefühle der Unzulänglichkeit und Schwäche heraufbeschwören. Freundschaft und Liebe können sich nicht entwickeln, wo man sich mit ungestillten Erwartungen ängstlich aneinander klammert. Sie brauchen einen Raum der Güte und der Furchtlosigkeit, in dem wir uns aufeinander zu- und voneinander wegbewegen können. Solange unsere Einsamkeit uns in der Erwartung zusammenführt, daß wir im Miteinander nicht mehr einsam sein würden, werden wir einander mit unserem ungestillten und wirklichkeitsfremden Verlangen nach Einheit, innerer Ruhe und fortdauerndem Gemeinschaftserleben zur Plage.

Es ist ein trauriger Anblick, wie Menschen, die an ihrer, oft noch durch Mangel an Zuwendung im engsten Familienkreis vertieften Einsamkeit leiden, manchmal ein Radikalmittel gegen ihren Schmerz suchen und ihren Blick mit messianischen Erwartungen auf einen neuen Freund, eine neue Liebe oder eine neue Gemeinschaft richten. Obgleich sie mit dem Verstand ihren Selbstbetrug durchschauen, sagt ihnen ihr Herz: „Vielleicht habe ich diesmal gefunden, was ich bewußt oder unbewußt schon immer gesucht habe."

Auf den ersten Blick muß man wirklich staunen, daß Männer und Frauen, die ein so unglückliches Verhältnis zu ihren Eltern und Geschwistern gehabt haben, sich in der Hoffnung, daß von nun an alles anders wird, in Verhältnisse mit weitreichenden Konsequenzen zu stürzen wagen.

Aber wir dürfen uns wohl fragen, ob die vielen Konflikte und Streitereien, die vielen Vorwürfe und Beschuldigungen, das häufige Auftreten von offenen und unterdrückten Wutanfällen und eingestandenen oder uneingestandenen Eifersüchteleien, die für diese überstürzt eingegangenen Verhältnisse so typisch sind, ihren Grund nicht in dem falschen Ansinnen haben, der eine müsse den andern von seiner Einsamkeit erlösen. Es scheint sogar, daß das Verlangen nach „Radikalmitteln" oft die Voraussetzung für die zerstörerische Gewaltsamkeit liefert, die ein Bestandteil intimer menschlicher Bindungen ist. Meistens bleibt diese Gewaltsamkeit rein gedanklich und richtet mit Argwohn, innerem Klatsch oder Rachevorstellungen im geistigen Bereich Unheil an. Manchmal wird sie zur verbalen Gewaltsamkeit, die mit Vorwürfen und Klagen den Frieden stört, und hin und wieder nimmt sie die gefährliche Form von Gewalttaten an. Gewaltsamkeit richtet im zwischenmenschlichen Bereich deshalb so große Zerstörungen an, weil sie nicht nur den anderen schädigt, sondern auch das Ich in einen Teufelskreis treibt, in dem es immer mehr verlangt und immer weniger erhält.

In einer Zeit, die dem gegenseitigen Ausdruck von Gefühlen im persönlichen Verkehr großen Wert beimißt, die uns dazu anhält, unsere kommunikativen Fähigkeiten auszuloten und viele Formen physischer, geistiger und emotionaler Kontaktaufnahme zu erproben, sind wir manchmal zu glauben versucht, es sei nur ein Zeichen mangelnder Offenheit füreinander, wenn wir uns einsam und traurig fühlen. Manchmal stimmt das auch, und viele Gruppentherapie-Einrichtungen leisten unschätzbare Dienste bei der Erweiterung der Bandbreite menschlichen Zusammenwirkens. Aber echte Offenheit füreinander bedeutet auch echtes Verschlossensein; denn nur wer ein Geheimnis für sich behalten kann, kann sein Wissen gefahrlos mit anderen teilen. Wenn wir unser persönlichstes Geheimnis nicht ganz sorgfältig hüten, werden wir nie Gemeinschaft bilden können. Dieses tiefste Geheimnis ist es ja, das uns zu einander hinzieht und uns Freundschaft schließen und Liebesbindungen auf Dauer anknüpfen läßt. Eine enge menschliche Bindung verlangt nicht nur, daß man miteinander offen ist, sondern auch, daß man die Einmaligkeit des anderen gegenseitig schützt und achtet.

Gemeinsam, doch nicht zu vertraulich

Es gibt eine falsche Form von Ehrlichkeit, die darauf hinausläuft, daß nichts verborgen bleiben und daß alles gesagt, zum Ausdruck gebracht und mitgeteilt werden sollte. Diese Ehrlichkeit kann sehr schädlich sein, und wenn sie keinen Schaden anrichtet, läßt sie zumindest das persönliche Verhältnis flach, oberflächlich, leer und oft sehr langweilig werden. Wenn wir unsere Einsamkeit durch die Schaffung eines Milieus ohne Sperrzonen abzuschütteln versuchen, können wir in Verhältnisse geraten, die so intim sind, daß sie jede Entwicklung zum Stillstand bringen. Wir sind gehalten, die Profanierung unseres allerpersönlichsten Bereiches mit ihren schädlichen Folgen zu vermeiden, und das nicht nur zu unserm eigenen Schutz, sondern auch zum Besten unserer Mitmenschen, mit denen wir eine fruchtbare Verbindung aufnehmen wollen. Wie Worte ihre Kraft einbüßen, wenn sie nicht aus dem Schweigen geboren werden, so büßt auch die Offenheit ihren Sinn ein, wenn man es nicht fertigbringt, sich zu verschließen. Unsere Welt ist voll von leerem Geschwätz, offenherzigen Geständnissen, hohler Rhetorik, Lobhudelei, dürftigen Ehrungen und Vertraulichkeiten bis zum Überdruß. Eine ganze Anzahl von Illustrierten macht ein einträgliches Geschäft mit dem Anschein, sie könnten uns die geheimsten und intimsten Einzelheiten aus dem Leben von Menschen mitteilen, die schon immer unser besonderes Interesse geweckt hatten. In Wirklichkeit servieren sie uns die langweiligsten Banalitäten und die arrogantesten Überspanntheiten von Menschen, deren Leben schon von krankhaftem Exhibitionismus breitgetreten worden ist.

Das amerikanische Milieu neigt der Exklusivität gegenüber zum Arwohn.

Als ich zum ersten Mal in die Vereinigten Staaten kam, fiel mir auf, daß die offene Tür zum Lebensstil gehörte. In Schulen, Instituten und Büros arbeitete jedermann bei offenen Türen. Ich konnte die Sekretärinnen an ihren Schreibmaschinen, die Lehrer beim Unterricht auf ihrem Katheder, die Beamten bei der Verwaltungsarbeit am Schreibtisch und hier und da Leser hinter ihren Büchern sehen. Es schien, als wollten sie mir alle sagen: „Treten Sie nur ein und scheuen Sie sich nicht, zu stören," und die meisten Unterhaltungen waren ebenso offen – sie erweckten den Eindruck, als hätten die Menschen nichts zu verbergen und würden bereitwillig über alles Auskunft geben, angefangen bei ihren Vermögensverhältnissen bis hin zu ihrem Liebesleben.

Es ist klar, daß es sich hier in den meisten Fällen um den ersten Eindruck handelt, und daß der zweite und der dritte Eindruck bald eine Offenheit erkennen lassen, die geringer ist, als man glauben machen wollte. Aber trotzdem hat man nicht gern verschlossene Türen, und wir müssen schon etwas tun, wenn wir zum Schutz des Geheimnisses unseres Lebens feste Grenzen ziehen wollen. Gewiß ist es in einem Zeitalter, in dem wir unsere Entfremdung in ihren verschiedenen Formen so stark empfinden, schwierig geworden, die Illusion zu zerstören, das Radikalmittel gegen unsere Einsamkeit biete sich im menschlichen Miteinander an.

Man kann leicht feststellen, wie viele Ehen an dieser Illusion leiden. Oft steht an ihrem Beginn die Hoffnung auf eine Einheit, die das schmerzliche Gefühl, „nicht dazu zu gehören", ganz und gar bannen könne, und ihr weiterer Verlauf ist dann ein verzweifeltes Ringen um vollendete physische und psychische Harmonie. Vielen Menschen fällt es schwer, eine gewisse Privatsphäre in der Ehe zu bejahen, und sie wissen nicht, wie man die Grenzen zieht, die die innige Zweisamkeit zur immer neuen und überraschenden Entdeckung des Partners werden lassen. Und doch tritt das Bedürfnis nach schützenden Abgrenzungen, die Mann und Frau davor bewahren, sich aneinander zu klammern, und es ihnen anderseits ermöglichen, großherzig beieinander ein- und auszugehen, deutlich in der Häufigkeit zutage, mit der man bei Hochzeitsfeiern Kahlil Gibrans Verse zitiert:

> Singt und tanzt miteinander in Freuden,
> aber laßt einander jeden für sich.
> Sind doch auch die Saiten der Laute für sich,
> wenn sie schwingen in ein und demselben Lied.
>
> Steht zusammen, doch nicht zu dicht,
> denn Zwischenraum halten die Säulen des Tempels,
> und die Eiche wie auch die Zypresse gedeihen nicht,
> wenn sie einander das Licht nehmen[3].

Von der Wüste zum Garten

Aber was können wir denn mit unserem, für uns unerläßlichen Alleinsein anfangen, das uns so oft als Gefühl verzweifelter Einsamkeit anfällt? Was soll damit gesagt sein, daß weder Freundschaft noch Liebe, weder Ehe noch Gemeinschaftsleben uns aus dieser Einsamkeit erlösen können? Manchmal ist es leichter, in der Illusion zu leben als in der Wirklichkeit. Und warum sollten wir da nicht unserem Verlangen nachgeben, in unserer Einsamkeit aufzuschreien und jemanden zu suchen, den wir umarmen und in dessen Armen wir mit unserem angespannten Leib und Geist für einen Augenblick tiefe Ruhe finden und flüchtig erleben können, daß man uns versteht und akzeptiert? Das sind schwierige Fragen, denn sie steigen aus unserem verwundeten Herzen auf. Aber man muß auf sie hinhören, selbst wenn sie auf einen schwierigen Weg hinauslaufen. Dieser schwierige Weg ist der Weg der Umkehr, der Umkehr von der Einsamkeit in die Stille. Statt unserer Einsamkeit zu entfliehen und sie zu vergessen oder zu leugnen zu suchen, müssen wir sie hüten und in eine fruchtbare Stille verwandeln. Wenn wir ein geistliches Leben führen wollen, müssen wir zunächst den Mut aufbringen, in die Wüste unserer Einsamkeit zu gehen und sie in behutsamer und beharrlicher Arbeit in einen Garten der Stille zu verwandeln. Dazu braucht man nicht nur Mut, sondern auch einen starken Glauben. So schwer es ist, zu glauben, daß die trockene Wüsteneinsamkeit unendlich viele Blumen aller Art hervorbringen kann, so schwer ist es auch, sich vorzustellen, daß sich unter unserer Einsamkeit ungeahnte Schönheit verbirgt. Mit dem Schritt von der Einsamkeit zur Stille beginnt jedoch jedes geistliche Leben, da er der Schritt ist aus der Unrast der Sinne in die Ruhe des Geistes, aus der Gier, die nach außen strebt, in die Suche, die nach innen geht, aus der Furcht, die nicht losläßt, in die spielerische Gelöstheit.

Neulich schrieb mir ein junger Student dazu aus seinem eigenen Erleben:

Wenn die Einsamkeit mir immer wieder zuraunt, daß sie Schwelle sein kann anstatt Ausweglosigkeit, Neuschöpfung anstatt Grabesruhe, sammelnde Mitte statt Abgrund, entrinne ich dem verzweifelten Zugriff der Zeit. Ich brauche dann nicht mehr im Wahnsinnstaumel der Aktivität zu leben und mich von der Furcht vor verpaßten Gelegenheiten übermannen zu lassen.

Es ist gar nicht so leicht, zu glauben, daß das wirklich so ist. Oft gehen wir mit unseren Problemen zu guten Männern und Frauen und hoffen insgeheim, sie würden uns unsere Last abnehmen und uns unserer Einsamkeit entreißen. Häufig führt die Abhilfe, die sie uns für den Augenblick bieten, nur zu einem tieferen Rückfall in das alte Leid, sobald wir wieder allein sind. Aber mitunter finden und hören wir auch den außergewöhnlichen Menschen, der uns sagt: „Lauf nicht weg, sondern bleib ruhig und ganz still. Lausche aufmerksam auf das, was dich bedrängt. Die Antwort auf deine Frage liegt in deinem Herzen verborgen."

In dem schönen Buch „Zen Flesh, Zen Bones – Theorie und Praxis des Zen" wird uns solch eine Begegnung geschildert.

Daiju suchte den Maister Baso in China auf. Baso fragte: „Was suchst du?"
„Erleuchtung," antwortete Daiju.
„Du hast selbst eine Schatzkammer. Warum suchst du draußen?" fragte Baso.
Daiju wollte wissen: „Wo ist meine Schatzkammer?"
Baso antwortete: „Was du fragst, *ist* deine Schatzkammer."
Daiju wurde erleuchtet! Von nun an drängte er seine Freunde: „Öffnet eure Schatzkammer und bedient euch eurer Schätze!"[4]

Ein wahrer Seelenführer ist der, der uns, statt uns zu sagen, was wir tun oder zu wem wir gehen sollen, Gelegenheit gibt, für uns allein zu bleiben und das Wagnis auf uns zu nehmen, unsere eigenen Erfahrungen zu machen. Er öffnet uns die Augen dafür, daß es nichts nützt, wenn wir hier und da eine Handvoll Wasser auf unser dürres Land gießen, daß wir vielmehr auf einen Quell lebendigen Wassers stoßen, wenn wir tief genug unter die Oberfläche unserer Not graben.

Mir hat einmal ein Freund geschrieben: „Weinen lernen, wachen lernen, auf das Morgengrauen warten lernen. Vielleicht liegt darin der Sinn des Menschseins." Das wirklich zu glauben, ist schwer, weil wir uns immer wieder dabei ertappen, wie wir uns an Menschen, Bücher, Erfahrungen, Vorhaben und Pläne klammern und insgeheim hoffen, daß es diesmal anders ausgeht. Wir versuchen es immer wieder mit Schmerzmitteln aller Art und halten die „psychische Betäubung" oft für angenehmer als die Schärfung unseres inneren Gespürs. Aber ... wir können uns wenigstens unseren Selbstbetrug vor Augen halten und von Zeit zu Zeit unsere krankhafte Vorliebe für ausweglose Sackgassen eingestehen.

Wenn es dann aber doch geschieht, daß wir uns unseren gestrengen Meistern fügen und aufmerksam auf unser unruhiges Herz lauschen, spüren wir vielleicht zum ersten Mal, daß mitten in unserer Betrübnis die Freude, daß mitten in unseren Ängsten der Friede, daß mitten in unserer Gier die Möglichkeit zur Anteilnahme an fremdem Leid gegeben ist, und daß wir wirklich mitten in der Einsamkeit, die uns so zusetzt, den Weg zur Stille finden können.

Zweites Kapitel
Offene Stille

Stille des Herzens

Das Wort Stille kann mißverständlich sein. Es weckt die Vorstellung von Alleinsein in unzugänglicher Einsamkeit. Wenn wir an Einsiedler denken, steigen in uns leicht Bilder von Mönchen oder Eremiten auf, die weit weg vom lärmenden Treiben der Welt in Einöden hausen. Die lateinischen Worte für eingezogene Stille und Einsiedler – solitudo und solitarius – sind wirklich Ableitungen von „solus – allein", und im Laufe der Jahrhunderte haben viele Männer und Frauen, die ein geistliches Leben führen wollten, sich in Einöden zurückgezogen – in Wüsten, ins Gebirge oder tief in den Wald –, um dort ein Klausnerleben zu führen.

Wahrscheinlich ist es schwierig, wenn nicht gar unmöglich, den Schritt von der Einsamkeit zur Stille zu tun ohne alle Distanzierung von den Zerstreuungen der Welt; und man kann daher verstehen, daß Menschen, denen ernstlich an der Entfaltung ihres geistlichen Lebens gelegen ist, sich von Orten und Gelegenheiten angezogen fühlen, die ihnen das Alleinsein, sei es vorübergehend, sei es mehr oder weniger für immer, ermöglichen. Aber die Stille, auf die es eigentlich ankommt, ist die Stille des Herzens; sie ist eine geistige Eigenschaft oder Haltung, die von physischer Distanzierung unabhängig ist. Mitunter braucht man diese Distanzierung, um zur Stille des Herzens zu gelangen, aber es wäre traurig, wenn wir in diesem ganz wesentlichen Element des geistlichen Lebens ein Privileg der Mönche und der Eremiten sähen. Es ist wohl wichtiger denn je, die Stille ausdrücklich als eine der menschlichen Begabungen hervorzuheben, die man auch im Herzen der Großstadt, mitten unter all den Menschen, und als Bestandteil eines sehr aktiven und produktiven Lebens antreffen, pflegen und entfalten kann. Ein Mann oder eine Frau, die zu dieser Stille des Herzens gelangt sind, werden nicht mehr von all den verschiedenen Umweltreizen zerrissen, sondern können diese Welt von einer ruhigen, geistigen Mitte her betrachten und verstehen.

Wenn wir die Augen offen halten, kann es uns gelingen, das einsame Dasein vom stillen Dasein zu unterscheiden. Wenn man im Büro, zu Hause oder in einem leeren Wartezimmer allein ist, kann man von Einsamkeit umgetrieben werden, aber auch die Wohltat stiller Sammlung empfinden. Vor einer Schulklasse, in einem Vortrag, im Kino oder beim Feierabendgeplauder an der Bar zur „happy hour" (bei Vorzugspreisen) kann man sich einsam und unglücklich fühlen, aber man kann auch die tiefe Zufriedenheit eines Menschen empfinden, der aus der ruhenden Mitte seiner Stille heraus spricht, zuhört und zuschaut. Es ist gar nicht so schwer, in unserer Umgebung die Ruhelosen von den Ruhigen, die Umgetriebenen von den Unbeschwerten und die Einsamen von den Stillen zu unterscheiden. Wenn wir im Leben die Herzensstille üben, können wir unsere Aufmerksamkeit den Worten und den Welten anderer schenken, aber wenn die Einsamkeit uns umtreibt, haben wir nur für die Bemerkungen und Geschehnisse eine Antenne, die unseren eigenen brennenden Bedürfnissen unmittelbar entgegenkommen.

Unsere Welt besteht allerdings nicht fein säuberlich aus einsamen Menschen auf der einen und still gesammelten Menschen auf der anderen Seite. Wir wechseln ständig zwischen beiden Polen und ändern uns von Stunde zu Stunde, von Tag zu Tag und von Jahr zu Jahr. Wir müssen zugeben, daß wir nur einen sehr begrenzten Einfluß auf dieses Hin und Her haben. Wo es um unsere innere Ausgewogenheit geht, spielen zu viele bekannte und unbekannte Faktoren mit. Aber wenn wir die Pole erkennen können, zwischen denen wir uns bewegen, und ein Gespür für dieses geistige Spannungsfeld entwickeln, brauchen wir uns nicht mehr verloren vorzukommen und können allmählich die Richtung ausmachen, die wir einschlagen wollen.

Der Anfang des geistlichen Lebens

Die Entwicklung dieses inneren Gespürs ist der Anfang eines geistlichen Lebens. Es scheint, die hohe Bewertung des Gespürs für andere hat bisweilen dazu geführt, den Sinn zu vernachlässigen, der uns hilft, auf die Stimmen in unserem eigenen Inneren zu lauschen. Manchmal fragt man sich, ob die Tatsache, daß so viele Menschen so viele andere Menschen um Hilfe, Rat und Weisung bitten, nicht zum großen Teil darin ihren Grund hat, daß sie den Kontakt zu ihrem innersten Ich verloren haben. Sie fragen: Sollte ich studieren oder nur eine Arbeit suchen, sollte ich Arzt oder Jurist werden, sollte ich heiraten oder ledig bleiben, sollte ich meine Stelle aufgeben oder bleiben, wo ich bin, sollte ich Soldat werden oder den Kriegsdienst verweigern, sollte ich meinem Vorgesetzten oder meiner eigenen Neigung folgen, sollte ich bescheiden leben oder mehr Geld verdienen für die kostspielige Ausbildung meiner Kinder? Die Berater reichen in der Welt nicht aus, bei der Lösung all dieser schwierigen Fragen zu helfen, und manchmal hat man den Eindruck, als bäte die halbe Welt die andere Hälfte um Rat, obgleich beide Seiten im gleichen Dunkel tappen.

Wenn unsere Unsicherheit uns aber nicht Anlaß ist, bei anderen Hilfe zu suchen, wie oft ist sie uns Anlaß, uns gegen andere zur Wehr zu setzen? Manchmal sieht es so aus, als seien Klatsch, abschätzige Kritik am Verhalten anderer und regelrechte Attacken auf die von ihnen getroffene Standeswahl eher Zeichen unserer eigenen inneren Unsicherheit als unserer wohlfundierten Überzeugungen.

Vielleicht ist für alle Suchenden der Rat, den Rainer Maria Rilke einem jungen Mann auf die Anfrage erteilt hat, ob er Dichter werden solle, von größter Bedeutung. Rilke sagt:

> Sie fragen, ob Ihre Verse gut sind. Sie fragen mich. Sie haben vorher andere gefragt. Sie senden sie an Zeitschriften. Sie vergleichen sie mit anderen Gedichten, und Sie beunruhigen sich, wenn gewisse Redaktionen Ihre Versuche ablehnen. Nun ... bitte ich Sie, das alles aufzugeben. Sie sehen nach außen, und das vor allem dürften Sie jetzt nicht tun. Niemand kann Ihnen raten und helfen, niemand. Es gibt nur ein einziges Mittel. Gehen Sie in sich. Erforschen Sie den Grund, der Sie schreiben heißt; prüfen Sie, ob er in der tiefsten Stelle Ihres Herzens seine Wurzeln ausstreckt, gestehen Sie sich ein, ob Sie sterben müßten, wenn es Ihnen versagt würde zu schreiben. Dieses vor allem: fragen Sie sich in der stillsten Stunde Ihrer Nacht: *muß ich schreiben?* Graben Sie in sich nach einer tiefen Antwort. Und wenn diese zustimmend lauten sollte, wenn Sie mit einem starken und einfachen „*Ich muß*" dieser ernsten Frage begegnen dürfen, dann bauen Sie Ihr Leben nach dieser Notwendigkeit; Ihr Leben bis hinein in seine gleichgültigste und geringste Stunde muß ein Zeichen und Zeugnis werden diesem Drange[5].

Die Frage leben

Durch die allmähliche Umwandlung unserer Einsamkeit in tiefe Stille schaffen wir den Raum, der unentbehrlich ist, wenn wir die Stimme erlauschen wollen, die uns über unseren inneren Drang, d.h. unsere Berufung, Auskunft gibt. Wenn unsere Fragen, Probleme und ernsten Anliegen nicht in der Stille geprüft und zur Reife geführt werden, ist es unrealistisch, Antworten zu erwarten, auf die wir wirklich selbst gekommen sind. Wieviele Menschen dürfen behaupten, ihre Ideen, Meinungen und Gesichtspunkte seien ihre eigenen? Manchmal kommt es in gebildeten Unterhaltungen einzig darauf an, sich im rechten Augenblick mit einem Zitat auf die richtige Autorität berufen zu können. Selbst die Fragen, die uns zutiefst bewegen, wie die Fragen nach Sinn und Wert des Lebens und des Todes, können Zeit- und

Modeströmungen zum Opfer fallen. Oft suchen wir rastlos nach Antworten und gehen von Tür zu Tür, von Buch zu Buch oder von einer Schule zur anderen ohne überhaupt ernstlich und aufmerksam auf die Fragen geachtet zu haben. Rilke sagt dem jungen Dichter:

... ich möchte Sie, so gut ich es kann, bitten, ... Geduld zu haben gegen alles Ungelöste in Ihrem Herzen und zu versuchen, *die Fragen selbst* liebzuhaben ... Forschen Sie jetzt nicht nach den Antworten, die Ihnen nicht gegeben werden können, weil Sie sie nicht leben könnten. Und es handelt sich darum, alles zu *leben*. Leben Sie jetzt die Fragen. Vielleicht leben Sie dann allmählich, ohne es zu merken, eines fernen Tages in die Antwort hinein ... – aber nehmen Sie das, was kommt, in großem Vertrauen hin, und wenn es nur aus Ihrem Willen kommt, aus irgendeiner Not Ihres Innern, so nehmen Sie es auf sich und hassen Sie nichts[6].

Das ist gar nicht so einfach, da wir in unserer Welt ständig unserem innersten Ich entrissen und angehalten werden, Antworten zu suchen statt auf die Fragen zu achten. Ein einsamer Mensch hat weder die innere Zeit noch die innere Ruhe, zu warten und zu lauschen. Er braucht Antworten und braucht sie auf der Stelle. Aber in der Stille können wir auf unser inneres Ich achten. Das hat mit Ichbezogenheit oder ungesunder Selbstbeobachtung nichts zu tun, denn „Ihr innerstes Geschehen ist" – nach Rilkes Worten – „Ihrer ganzen Liebe wert"[7].

In der Stille können wir uns selbst gegenwärtig werden. In ihr können wir, wie Anne Morrow Lindbergh[8] sagt, „wie ein Kind oder ein Heiliger in der Unmittelbarkeit des Hier und Jetzt" leben.

In ihr „ist jeder Tag und jede Tat eine Insel, von Zeit und Raum umspült, und vollkommen in sich geschlossen wie eine Insel".[9] In ihr können wir auch anderen gegenwärtig werden und ihnen die Hand entgegenstrecken, ohne nach Aufmerksamkeit und Zuneigung zu haschen, sondern um uns selbst als Beitrag zum Aufbau einer liebenden Gemeinschaft anzubieten. Die innere Stille entreißt uns unseren

Mitmenschen nicht, sondern ermöglicht vielmehr echtes Miteinander. Nur wenige haben das besser zum Ausdruck gebracht als der Trappist Thomas Merton, der in seinen letzten Jahren ein Einsiedlerleben geführt hat, das ihn aber in seiner kontemplativen Stille sehr enge Bande mit anderen knüpfen ließ. Am 12. Januar 1950 schrieb er in sein Tagebuch:

> Gerade in tiefer Stille finde ich die Güte, in der ich meine Brüder wirklich lieben kann. Je eingezogener ich lebe, umso größere Zuneigung habe ich zu ihnen. Sie ist selbstlose Zuneigung und voller Achtung vor der Stille anderer[10].

In dem Maß, in dem Mertons Leben geistlich reifte, kam er mit letzter Klarheit zu der Einsicht, daß die Stille ihn nicht von den Menschen seiner Zeit isolierte, sondern ihn vielmehr zutiefst mit ihnen verband. Wie sehr diese Erkenntnis Merton beherrschte, ersieht man aus der packenden Stelle, die er nach einem Abstecher nach Louisville niedergeschrieben hat, wo er die Menschen in einem lebhaften Geschäftsviertel beobachtet hatte. Er schreibt:

> ... wenn auch „nicht von dieser Welt", so leben wir (Mönche) doch in derselben Welt wie alle anderen, in der Welt der Atombombe, der Welt des Rassenhasses, der Welt der Technik, der Welt der Massenmedien, der Wirtschaftsgiganten, der Revolution und all dessen, was es sonst noch gibt. Wir stehen dem allen anders gegenüber, da wir Gott gehören. Aber schließlich gehören auch alle andren Gott ... Zu spüren, daß hier ein illusorischer Unterschied von mir abfiel, war mir eine so große Erleichterung und Freude, daß ich fast laut aufgelacht hätte. Und ich glaube, mein Glück hätte sich in diesen Worten Luft machen können: „Gott, ich danke dir, ich danke dir , daß ich wie die anderen Menschen bin, daß ich nur einer unter anderen *bin* ..." Es ist herrlich, dazu bestimmt zu sein, der Menschheit anzugehören, mag sie auch ein Geschlecht sein, das vielen Torheiten verfallen ist und viele schreckliche Fehler macht: aber trotz alledem hat Gott selbst seine Ehre darin gesehen, Mensch zu werden! Was für ein Gedanke, daß solch eine Binsenwahrheit sich auf einmal so ausnehmen sollte,

als verkünde sie einem, man habe in einer kosmischen Lotterie das Große Los gewonnen!

Ich freue mich unbändig, Mensch zu sein, dem Geschlecht anzugehören, in dem Gott selbst Fleisch angenommen hat. Als ob das Leid und die Torheiten, die das Menschsein mit sich bringt, mir etwas anhaben könnten! Jetzt sehe ich, was wir alle sind. Und wenn doch alle das sehen könnten! Aber das kann man nicht erklären. Man kann den Leuten einfach nicht beibringen, daß sie daher kommen und strahlen wie die Sonne.

Das ändert nichts am Sinn und am Wert meiner Stille, zumal es ja an der Stille liegt, daß man so etwas mit einer Deutlichkeit wahrnimmt, die jedem verwehrt wäre, der völlig in den anderen Sorgen, den anderen Illusionen und all den automatischen Abläufen eines hochgradigen Kollektivdaseins untergeht. Meine Stille gehört allerdings nicht mir, denn ich sehe jetzt, wie sehr sie ihnen gehört – und daß ich um ihretwillen und nicht nur um meinetwillen für sie verantwortlich bin. Gerade weil ich mit ihnen eins bin, schulde ich es ihnen, für mich zu bleiben, und wenn ich für mich allein bin, sind sie nicht „sie", sondern ich selbst. Es gibt keine Fremden![11]

Merton hat aus eigener Erfahrung gelernt, daß die Stille nicht nur unsere Zuneigung zu anderen vertieft, sondern auch der Ort ist, an dem echte Gemeinschaft möglich wird. Wenn Merton sein Mönchsleben auch zuerst in einer klösterlichen Gemeinschaft und dann in einer Klause geführt hat, so ist doch aus diesem und aus anderen Texten ersichtlich, daß es ihm eigentlich nicht um den Raum der Stille, sondern um Herzensstille zu tun ist.

Ohne die Stille des Herzens kann die enge Bindung der Freundschaft, der Ehe und des Gemeinschaftslebens nicht fruchtbar sein. Ohne die Stille des Herzens artet unser Verhältnis zu anderen leicht in gierige Bedürftigkeit aus, wird klebrig und klettenhaft, unselbständig und sentimental, ausbeuterisch und schmarotzerhaft, weil wir ohne die Eingezogenheit des Herzens nicht in der Lage sind, die andern in ihrem Anderssein zu erleben, sondern in ihnen nur Menschen sehen können, deren man sich zur Erfüllung seiner eigenen, oftmals verheimlichten, Bedürfnisse bedienen kann.

Es ist das Geheimnis der Liebe, das Für-sich-Sein des anderen zu schützen und zu achten und den Freiraum zu schaffen, der es ihm ermöglicht, seine Einsamkeit zu einer Stille umzugestalten, die gemeinschaftsoffen ist. In dieser Stille können wir einander Stütze sein durch gegenseitige Achtung, durch sorgsame Rücksicht auf die gegenseitige Individualität, durch bereitwilliges Abstandhalten von der Privatsphäre des anderen und durch eine von Ehrfurcht getragene Auffassung von der Heiligkeit des Menschenherzens. In dieser Stille sind wir einander Ansporn, in das Schweigen unseres innersten Seins einzutreten und dort die Stimme wahrzunehmen, die uns über die Grenzen menschlichen Miteinanders hinaus zu neuer Gemeinsamkeit beruft. In dieser Stille können uns allmählich die Augen dafür aufgehen, daß er da ist, der die Seinen, die ihm in Freundschaft und Liebe zugetan sind, umfängt und uns dazu befähigt, einander zu lieben, weil er uns zuerst geliebt hat (vgl. 1 Joh 4, 19).

Heiliger Boden

All das könnte wie eine neue Art von Romantik klingen, aber unsere ganz konkreten Erfahrungen und Beobachtungen werden uns bestätigen können, daß es sich hier um Realismus handelt. Häufig müssen wir zugeben, daß wir unsere Einsamkeit stärker empfinden als unser Stillsein, und daß das, was wir über die Stille sagen, aus dem leidvollen Schweigen der Einsamkeit stammt. Aber es gibt auch glückliche Augenblicke unmittelbarer Einsicht, die unsere Hoffnungen bestätigen und uns in der Suche nach der tiefen Stille bestärken, in der wir ein inneres Einssein spüren und mit unseren Mitmenschen und unserem Gott vereint leben können.

Ich erinnere mich noch lebhaft des Tages, an dem jemand, der eins meiner Kollegs gehört hatte, noch einmal zur Universität umkehrte und mit der entwaffnenden Erklärung zu mir ins Zimmer trat: „Diesmal ist mir alles klar, und ich brauche Sie nichts zu fragen. Ich brauche weder Weisung noch Rat, aber ich möchte einfach eine Zeitlang mit ihnen feiern." Wir setzten uns einander gegenüber auf den Boden und unterhielten uns ein wenig über den Verlauf und die Bedeutung unseres Lebens im vergangenen Jahr, über unsere Arbeit, unsere gemeinsamen Freunde und über die Unruhe unseres Herzens. Dann wurden wir allmählich von Minute zu Minute stiller und schwiegen. Es war kein Schweigen, das uns verlegen machte, sondern ein Schweigen, das uns einander näher bringen konnte als die vielen kleinen und großen Ereignisse des vergangenen Jahres. Wir hörten wohl, wie ein paar Autos vorüberfuhren und wie jemand mit Gepolter irgendwo einen Mülleimer leerte. Aber das hat uns nicht gestört.

Das Schweigen, das sich auf uns senkte, war warm, gütig und lebendig. Hin und wieder schauten wir einander an und es stieg in uns ein Lächeln auf, das die letzten Reste von Furcht und Argwohn beiseite schob. Es schien, daß wir, während das Schweigen ringsum tiefer wurde, mehr und mehr spürten, wie eine Gegenwart uns beide umfing.

Dann sagte er: „Es ist gut, hier zu sein," und ich sagte: „Ja, es ist gut, daß wir wieder beieinander sind," und dann waren wir wieder lange Zeit still. Und als tiefer Friede den Raum zwischen uns erfüllte, sagte er stockend: „Wenn ich Sie so anschaue, ist es, als wäre ich in der Gegenwart Christi." Ich fühlte mich nicht schokkiert, überrascht oder zum Widerspruch gereizt, sondern konnte nur sagen: „Christus in Ihnen ist es, der Christus in mir erkennt." „Ja," sagte er, „er ist wirklich mitten unter uns." Und dann sprach er die Worte, die als die heilträchtigsten Worte in meine Seele fielen, die mir seit vielen Jahren zu Ohren gekommen waren: „Von nun an ist, wohin Sie auch gehen oder wohin ich auch gehe, alles Land zwischen uns heiliger Boden." Und als er sich verabschiedete, wußte ich, daß er mir gezeigt hatte, was Gemeinschaft wirklich bedeutet.

Gemeinschaft als Eigenschaft des Herzens

Dieses Erlebnis verdeutlicht, was Rainer Maria Rilke mit den Worten sagen wollte: „Liebe besteht darin, daß zwei Einsamkeiten einander schützen, grenzen und grüßen"[12] und was Anne Morrow Lindbergh meinte, als sie schrieb: „Ich glaube, wir sind allesamt Inseln in ein und derselben See".[13] Es hat mich erkennen lassen, daß das Beieinander von Freunden und Liebenden zu Augenblicken führen kann, die uns den Zugang zu einer gemeinsamen Stille erschließen, die nicht von Raum und Zeit begrenzt ist. Wie oft träumen wir nicht davon, mit Freunden zusammenzusein, und merken nicht, daß unsere Träume viel mehr suchen, als jedes wirkliche Treffen je bieten kann? Aber nach und nach kann uns die Möglichkeit aufgehen, unsere menschlichen Begegnungen zu Augenblicken zu gestalten, die unsere Stille wachsen und so weit werden lassen, daß sie immer mehr Menschen in unsere Lebensgemeinschaft hineinnimmt.

Tatsächlich können alle, mit denen wir lange oder auch nur einen Augenblick zusammen waren, Glied dieser Gemeinschaft werden, da alles Land zwischen ihnen und uns durch die liebevolle Begegnung mit ihnen wirklich heiliger Boden geworden ist und die, die gehen, in der gastlich offenen Stille unseres Herzens bleiben können. Die Freundschaft ist eine der kostbarsten Gaben des Lebens, aber räumliche Nähe kann ihrer letzten Verwirklichung sowohl dienlich wie auch hinderlich sein.

Hier und da hatte ich in meinem Leben das anscheinend seltsame Gefühl, meinen Freunden in ihrer Abwesenheit näher zu sein als in ihrer Gegenwart. Waren sie nicht da, so sehnte ich mich sehr nach einem Wiedersehen, aber es gelang mir nicht, einer gewissen Regung der Enttäuschung zu entgehen, wenn das Wiedersehen zustande kam. Unser physisches Beisammensein hat uns die eigentliche Begegnung verwehrt. Als ob wir spürten, daß wir für einander mehr wären, als wir ausdrücken könnten. Als ob unsere individuellen, konkreten Eigenheiten eine Mauer zu bilden begännen, hinter der wir unser eigentliches, tiefstes Ich verborgen hielten. Der Abstand, den eine vorübergehende Abwesenheit entstehen ließ, hat mir geholfen, über ihre Eigenheiten wegzusehen, und mich ihre menschliche Größe und Schönheit entdecken lassen, die die Grundlage unserer Liebe bildeten.

Kahlil Gibran schrieb:

Wenn du von deinem Freund scheidest, sei nicht traurig: Denn das, was du an ihm am meisten liebst, kann deutlicher werden, wenn er fern ist, wie der Berg dem Bergsteiger, von der Ebene her gesehen, deutlicher vor Augen steht.[14]

Mit Freunden zusammenzuleben ist eine ganz besondere Freude, aber unser Leben nimmt einen traurigen Verlauf, wenn das unser ein und alles wird. In einem Team Gleichgesinnter zu arbeiten, die ein Herz und eine Seele sind, ist ein Geschenk des Himmels, aber wenn unser Selbstwertgefühl nur davon abhängt, sind wir zu bedauern. Es ist schön, Post von Freunden zu erhalten, aber wir sollten auch ohne sie glücklich sein können. Gäste sind Gaben, über die man sich freuen darf, aber ohne sie sollten wir nicht in die Versuchung zum Trübsinn fallen. Anrufe, „nur so zum Guten-Tag-Sagen", können uns mit Dank erfüllen, aber wenn wir mit ihnen rechnen, weil wir sie zur Beschwichtigung unserer Furcht vor dem Alleinsein brauchen, hat unsere Wehleidigkeit mit uns ein leichtes Spiel. Wir sind dauernd auf der Suche nach einer Gemeinschaft, die uns ein Zugehörigkeitsgefühl vermitteln kann, aber es ist wichtig, sich darüber im klaren zu sein, daß das Zusammenleben an einem Ort, in einem Haus, in einer Stadt oder in einem Land für die Erfüllung unseres berechtigten Verlangens nebensächlich ist.

Freundschaft und Gemeinschaft sind zuallererst Eigenschaften des Herzens, die das menschliche Miteinander zum spielerischen Ausdruck einer viel größeren Wirklichkeit werden lassen. Man kann sie niemals für sich beanspruchen, planen oder organisieren, aber man kann ganz tief in sich den Raum schaffen, in dem man sich mit ihnen beschenken lassen kann.

Diese innere Dimension von Freundschaft und Gemeinschaft ermöglicht es uns, sogar in der Abgeschiedenheit eines umfriedeten Raumes „weltweit" zu leben, da niemand von unserer Stille ausgeschlossen werden sollte. Aber sie läßt uns auch ohne großes Gepäck weite Reisen tun, denn für Menschen, die sich voreinander ihrer Stille nicht schämen, ist alles Land, das sie voneinander trennt, zum heiligen Boden geworden.

So kann unsere Einsamkeit zur Stille werden. Es gibt Tage, Wochen und vielleicht sogar Monate und Jahre, in denen das Gefühl der Einsamkeit uns so übermannt, daß es uns schwerfällt, zu glauben, die Herzensstille zeige sich an unserem Horizont. Aber wenn wir erst einmal gespürt haben, was diese Stille bedeuten kann, werden wir nie aufhören, sie zu suchen. Haben wir diese Stille erst einmal kennengelernt, so ermöglicht sie uns ein neues Leben, in dem wir uns aus falschen Bindungen lösen und uns überraschend neu an Gott und an einander binden können.

Drittes Kapitel
Schöpferische Antwort

Reaktionärer Lebensstil

Der Schritt von der Einsamkeit zur Stille ist kein immer weiteres Abrücken, sondern ist vielmehr eine intensivere Hinwendung zu den brennenden Fragen unserer Zeit. Der Schritt von der Einsamkeit zur Stille kann uns in die Lage versetzen, unsere Angstreaktionen allmählich in ein liebevolles Eingehen umzuwandeln.

Solange wir versuchen, unserer Einsamkeit zu entrinnen, sind wir dauernd auf der Lauer nach Ablenkung und empfinden ein unersättliches Verlangen nach gesellschaftlichen Veranstaltungen und pausenloser Beschäftigung. Wir fallen wehrlos einer Welt zum Opfer, die sich von uns vergötzen lassen will. Wir werden abhängig von der Kette ständig wechselnder Ereignisse, die uns von einer Laune in die andere stürzen, uns zu extravagantem Verhalten und manchmal auch zu Wutausbrüchen führen. Unser Leben wird dann zu einer krampfhaften und oft auch unheilvollen Kette von Aktionen und Reaktionen, die uns unserem eigentlichen, inneren Ich entziehen.

Es ist nicht so schwer, festzustellen, wie sehr wir zur „Reaktion" neigen: d. h., wie oft unser Leben eine Kette nervöser und häufig auch gehetzter Reaktionen auf die Reize unserer Umwelt ist. Wir haben oft sehr, sehr viel zu tun und sind infolgedessen normalerweise sehr erschöpft, aber wir sollten uns einmal fragen, wie weit unsere Lektüre, unsere Gespräche, unsere Besuche und unsere Arbeit in Interessengruppen, unsere Vorlesungen und unsere Schriftstellerei nicht mehr ein Stück impulsiver Reaktion auf die wechselnden Erfordernisse unserer Umwelt sind als eigenständige Aktion, die aus der Mitte unseres Seins hervorgegangen ist.

Vielleicht kommen wir überhaupt nie bis zum Augenblick einer „reinen Aktion", und man kann darüber streiten, wie realistisch oder gesund es ist, sie anzustreben. Aber es scheint doch sehr wichtig zu sein, einen auf Erfahrung beruhenden Blick für den Unterschied zwischen einer Aktion zu besitzen, die von einer Veränderung der äußeren Umstände ausgelöst wird, und einer Aktion, die durch aufmerksames Lauschen auf die Welt, in der wir leben, in unserem Herzen herangereift ist.

Der Schritt von der Einsamkeit zur Stille sollte allmählich zur Wende von der gehetzten Reaktion zur liebevollen Anteilnahme führen. Die Einsamkeit führt zu schnellen, oft krampfhaften Reaktionen, die uns zu Gefangenen unserer so unbeständigen Welt machen. Aber in der Stille des Herzens können wir auf die Ereignisse der Stunde, des Tages und des Jahres lauschen und allmählich eine Antwort „formulieren", ausformen, die wirklich die unsere ist. In der Stille können wir aufmerksam den Gang der Welt verfolgen und uns bemühen, ehrlich darauf einzugehen.

In der Stille zu allem bereit

Vor nicht zu langer Zeit sagte mir ein Priester, er habe die New York Times abbestellt, weil er meine, die endlosen Berichte über Krieg, Verbrechen, Machtkämpfe und politisches Ränkespiel verwirrten ihm nur Geist und Herz und hielten ihn von Gebet und Betrachtung ab.

Das ist eine betrübliche Geschichte, denn sie erweckt den Anschein, als könne man nur dann in der Welt leben, wenn man sich ihr verschließt, und nur dann ein geistliches Leben führen, wenn man sich mit einer künstlichen, durch Autosuggestion geschaffenen Ruhezone umgibt. Echtes geistliches Leben wirkt genau umgekehrt: es gibt uns einen so wachen Blick für die Welt ringsum, daß alles, was da ist und sich ereignet, in unsere Kontemplation und Meditation einbezogen wird, und ruft uns auf, frei und furchtlos darauf einzugehen.

Diese wache Einsatzbereitschaft in der Stille kann tatsächlich unser Leben ändern. Es kommt einzig und allein darauf an, mit welchen Augen wir unsere eigene Geschichte sehen, durch die die Welt zu uns spricht, und wie wir uns zu ihr stellen.

Wenn ich auf die letzten zwanzig Jahre zurückschaue, stelle ich fest, daß ich mich an einem Ort und in einer Lage befinde, an die ich nicht einmal im Traum gedacht hätte, als ich mich an meinem Priesterweihetag mit 28 Kursgenossen in einer holländischen Bischofskirche zu Boden warf. Von Martin Luther King und Rassenspannungen hatte ich kaum etwas gehört, und die Namen John F. Kennedy und Dag Hammerskjöld waren mir völlig unbekannt. Den alten, behäbigen Kardinal Roncalli hatte ich auf einer Wallfahrt nach Padua gesehen und in Gedanken zum Muster klerikaler Dekadenz abgestempelt. Ich hatte tolle Bücher über das politische Ränkespiel im Kreml gelesen und war froh, daß so etwas in der freien Welt unmöglich wäre. Ich hatte über die Juden in den Konzentrationslagern mehr gehört, als ich verkraften konnte, aber es war mir klar, daß die Lager der Welt der älteren Generation angehörten und mit der meinen unvereinbar wären.

Und jetzt erfüllen mir im Abstand von nur wenigen Jahren Erinnerungen und Tatsachen Geist und Herz, die mich zu einem ganz anderen Menschen gemacht haben, als ich je erwartet hätte. Jetzt, da ich auch schon das Ende meines Lebensweges so gut im Blick habe wie seinen Anfang, ist mir klar, daß mir nur ein einziges Leben beschieden ist, und daß es einen Geschichtsabschnitt umfassen wird, dem ich nicht nur angehöre, sondern den ich auch mitgestaltet habe. Jetzt sehe ich, daß ich zur Begründung meines so ganz unvorhergesehen verlaufenen Lebensweges nicht einfach auf Dallas, Vietnam, My Lai und Watergate verweisen darf, sondern mitten in meiner Stille nachforschen muß, wo diese Namen ihre Wurzeln haben.

In unserer Stille kann unsere Geschichte kein wirres Knäuel zusammenhangloser Vor- und Unfälle mehr bleiben, sondern muß zum unablässigen Appell werden, Herz und Geist zu ändern. Dort können wir die fatalistische Verkettung von Ursache und Wirkung durchbrechen und mit unserem inneren Wahrnehmungsvermögen die tiefere Bedeutung der Ereignisse des Alltagslebens erlauschen. Dort ist die Welt nicht mehr teuflisch, so daß sie uns in „Pros" und „Kontras" schiede, sondern sie wird zum Symbol, das uns aufruft, eins zu werden und das äußere Geschehen wieder mit dem inneren in Einklang zu bringen. Dort kann man im Präsidentenmord, in der geglückten Mondlandung, in der grausamen Zerbombung von Städten und der Auflösung einer Regierung durch Machtgelüste wie auch in all den persönlichen Enttäuschungen und Schmerzen keine unvermeidlichen Begleiterscheinungen des Lebens mehr erblicken, sondern sie alle werden zur dringenden Aufforderung, auf sie einzugehen, d. h., uns persönlich zu engagieren.

Störungen, die uns formen

Bei einem Besuch an der Notre Dame Universität, an der ich ein paar Jahre als Dozent gewirkt hatte, traf ich einen alt-erfahrenen Professor, der den größten Teil seines Lebens dort verbracht hatte. Und als wir das herrliche Universitätsgelände durchstreiften, sagte er mit einem gewissen melancholischen Unterton: „Wissen Sie, ... mein Leben lang habe ich mich beschwert, weil man mich immer wieder bei der Arbeit störte, bis mir aufging, daß gerade die Störungen meine eigentliche Aufgabe darstellten."

Sehen wir nicht die vielen Ereignisse unseres Lebens als große oder kleine Störungen an, die so manche unserer Pläne, Vorhaben und Lebensentwürfe durchkreuzen? Spüren wir nicht, wie wir innerlich protestieren, wenn ein Student uns beim Lesen, schlechtes Wetter unseren Sommer, Krankheit unsere bis ins letzte ausgeklügelten Pläne, der Tod eines lieben Freundes unseren Seelenfrieden, ein grausamer Krieg unsere Vorstellungen von der Herzensgüte der

Menschen und die vielen harten Wirklichkeiten des Lebens uns in unseren schönen Lebensträumen stören? Und läßt nicht diese Kette von Störungen ohne Ende in unseren Herzen Zorn, Frustration und sogar Rachegelüste aufkommen, und das so sehr, daß uns bisweilen die Möglichkeit der Gleichsetzung von zunehmendem Alter mit zunehmender Verbitterung als durchaus gegeben erscheint?

Wenn aber das, was uns querkommt, in Wirklichkeit Chancen für uns sind, Aufforderungen zu einer Herzensantwort, an der wir wachsen und zur Fülle des Seins gelangen? Wenn die Ereignisse unserer Geschichte uns formen, wie ein Bildhauer sein Tonmodell formt, und wir nur in schmiegsamer Anpassung an diese modellierenden Hände unsere wahre Berufung entdecken und zu menschlicher Reife gelangen können? Wenn aber all die unvorhergesehenen Störungen eigentlich Einladungen sind, unseren altmodischen und veralteten Lebensstil aufzugeben, und unserer Erfahrung Neuland erschließen wollen? Und wenn sich schließlich unsere Geschichte nicht als eine Kette blinder, unpersönlicher Zufälle erweist, auf die wir keinen Einfluß haben, sondern uns erkennen läßt, daß eine Hand uns führt und auf eine persönliche Begegnung verweist, in der all unser Hoffen und Sehnen in Erfüllung geht?

Dann wäre unser Leben tatsächlich ganz anders; denn dann wird das Schicksal zur Chance, dann werden Wunden zum Signal und lähmende Ohnmacht zur Aufforderung, die Quellen der Lebenskraft in tieferen Schichten zu suchen. Dann können wir mitten im Geschrei der Städte, in brennenden Krankenhäusern und unter verzweifelten Eltern und Kindern noch nach Hoffnung Ausschau halten. Dann können wir die Versuchung zur Verzweiflung abschütteln und vom Baum reden, der Früchte bringt, während vor unseren Augen die Saaten zu Grunde gehen. Dann können wir wirklich aus dem Gefängnis ausbrechen, in dem eine anonyme Kette von Ereignissen uns festhält, und hinhören auf den Gott der Geschichte, der im Innersten unserer Stille zu uns spricht, und seinem ewig neuen Aufruf zur Umkehr folgen.

Ein zerknirschtes Herz

Es ist tragisch, festzustellen, daß die Frömmigkeit im Westen so zur Privatangelegenheit geworden ist, daß Begriffe wie „ein zerknirschtes Herz" sich nur noch auf persönliches Schuldigwerden und auf die Bereitschaft beziehen, dafür Buße zu tun. Wenn wir einmal darauf achten, wie unlauter wir in Gedanken, Worten und Werken sind, so kann das wirklich unser Gewissen zum Schlagen bringen und in uns die Hoffnung auf ein Zeichen der Vergebung wachrufen. Aber wenn wir die Stille unseres Herzens sicher gegen die Katastrophen unserer Tage, die Kriege, die Massenmorde, die zügellose Brutalität, die überfüllten Gefängnisse, die Folterkammern, den Hunger und die Krankheiten von Millionen von Menschen und das unsägliche Elend eines Großteils der Menschheit abschotten, bleibt unsere Zerknirschung einzig und allein ein frommes Gefühl.

Eine Tageszeitung, die mir gerade in die Hand kommt, bringt ein Bild von drei portugiesischen Soldaten: zwei von ihnen reißen einem nackten Gefangenen die Arme aus, während der dritte ihn enthauptet. Dieselbe Zeitung berichtet, daß ein Polizist in Dallas beim Verhör im Streifenwagen einen mit Handschellen gefesselten zwölfjährigen Jungen umgebracht hat, und daß ein japanischer Jumbo-Jet vom Typ Boeing 747 mit 122 Passagieren an Bord mit unbekanntem Ziel entführt worden ist. Sie enthüllt ebenfalls, daß die amerikanische Luftwaffe für 145 Millionen Dollar Bomben auf Kambodscha abgeworfen hat, und das zu einer Zeit, in der der Präsident öffentlich erklärte, man respektiere voll und ganz die Neutralität dieses Landes. Sie bringt auch eine Beschreibung der in Griechenland und in der Türkei gebräuchlichen Elektro-Foltermethoden, bei der es einen kalt überläuft. All diese „Neuigkeiten" werden nur beiläufig erwähnt, während die Schlagzeilen darüber berichten, wie die höchsten Regierungsbeamten Einbrüche verübt, gelogen und riesige Geldsummen verwendet haben, ein Vorgang, der als die größte Tragödie in der Geschichte der Vereinigten Staaten hingestellt wird. Und die Zeitung von heute ist nicht anders als die von gestern und wird sich kaum viel von der morgigen unterscheiden.

Sollte das nicht unser Herz zermalmen und uns dazu bringen, in unablässiger Reue den Kopf zu senken? Sollte das nicht alle Menschen, die das Leben für lebenswert halten, in gemeinsamer Zerknirschung und öffentlicher Buße vereinen? Sollte das uns nicht doch noch zu dem Bekenntnis führen, daß wir als Volk gesündigt haben und Vergebung und Heilung brauchen? Sollte das nicht reichen, uns zum Ausbruch aus unserem frommen Privatgehäuse zu zwingen und die Arme zu erheben mit den Worten:

> Aus der Tiefe rufe ich, Herr, zu dir:
> Herr, höre meine Stimme!
> Wende dein Ohr mir zu,
> achte auf mein lautes Flehen!
>
> Würdest du, Herr, unsere Sünden beachten,
> Herr, wer könnte bestehen?
> Doch bei dir ist Vergebung,
> damit man in Ehrfurcht dir dient.
>
> Ich hoffe auf den Herrn, es hofft meine Seele,
> ich warte voll Vertrauen auf sein Wort.
> Meine Seele wartet auf den Herrn
> mehr als die Wächter auf den Morgen.
> Mehr als die Wächter auf den Morgen
> soll Israel harren auf den Herrn.
>
> Denn beim Herrn ist die Huld,
> bei ihm ist Erlösung in Fülle.
> Ja, er wird Israel erlösen
> von all seinen Sünden (Psalm 130).

Die Last der Wirklichkeit

Können wir die Last der Wirklichkeit tragen? Wie können wir für alle menschlichen Tragödien offen und uns des weiten Meeres menschlichen Leides bewußt bleiben, ohne innerlich zu erstarren und in Depressionen zu geraten? Wie können wir ein vor Gesundheit strotzendes und schöpferisches Leben führen, wenn man uns unaufhörlich an das Schicksal der Millionen erinnert, die arm, krank, hungrig und von Verfolgung gehetzt sind? Ja, wie bringen wir nur ein Lächeln zustande, wenn man uns dauernd Bilder von Folterqualen und Hinrichtungen vor Augen führt?

Ich weiß nicht, wie ich diese Fragen beantworten soll. Mitten unter uns sind Menschen, die sich das Leid der Welt so tief zu Herzen genommen haben, daß es ihnen zum Beruf geworden ist, uns unaufhörlich, meist zu unserem Unbehagen, an die Sünden dieser Welt zu erinnern. Es gibt sogar ein paar Heilige, die das Los der Menschen in einem Maße teilen und sich so sehr mit dem Elend ihrer Mitmenschen identifizieren, daß sie auch selbst nicht glücklich sein wollen, solange es in dieser Welt Menschen gibt, die leiden. Wenn sie uns auch unbequem sind und wir sie mit dem Etikett „Masochisten" oder „Weltuntergangspropheten" abtun möchten, so sind wir doch auf ihren Mahnruf angewiesen, daß sich ohne die Solidarität der Herzen keine Heilung von Dauer einstellen wird. Diese paar „Extremisten" oder „Fanatiker" zwingen uns zu der Frage, wie oft wir uns selbst etwas vorgaukeln und wie viele Mauern wir immer wieder aufführen, um nur ja die Last der menschlichen Solidarität aus unserem Blick und von unseren Schultern fernzuhalten.

Vielleicht müssen wir uns fürs erste abfinden mit dem dauernden Wechsel zwischen Wissen und Nicht-Wissen, Sehen und Nicht-Sehen, Spüren und Nicht-Spüren, zwischen Tagen, an denen die ganze Welt wie ein Rosengarten aussieht, und Tagen, an denen unser Herz an einen Mühlstein gefesselt zu sein scheint, zwischen Augenblicken ekstatischer Freude und Augenblicken düsterer Niedergeschlagenheit, zwischen dem demütigen Eingeständnis, daß mehr in der Zeitung steht, als unsere Seele verkraften kann, und der Einsicht, daß wir nur dann in unsere Verantwortung hineinwachsen können, wenn wir uns der Wirklichkeit unserer Welt stellen. Vielleicht müssen wir Geduld haben mit unseren eigenen Ausweichmanövern und Weigerungen in der Überzeugung, daß wir uns nicht zwingen können, uns dem zu stellen, worauf wir noch nicht einzugehen bereit sind, und in der Hoffnung, daß der Tag einmal kommt, an dem wir den Mut und die Kraft haben, unsere Augen ganz aufzumachen und hinzuschauen, ohne vernichtet zu werden. All das könnte eintreten, solange wir daran denken, daß Weigerung oder Ausweichen weder für uns selbst noch für sonst jemand Lösungen verheißen, und daß neues Leben nur aus dem Samenkorn entstehen kann, das in zermalmtes Erdreich gesenkt wird. Gott, unser Herr, „wird ein zerbrochenes und zerschlagenes Herz" tatsächlich „nicht verschmähen" (Ps 51,19).

Was hält uns davon ab, uns der Wirklichkeit der Welt zu öffnen? Könnte es sein, daß wir es nicht fertigbringen, uns mit unserer Ohnmacht abzufinden, und nur die Wunden zu sehen gewillt sind, die wir heilen können? Könnte es sein, daß wir nicht von unserer Illusion lassen möchten, wir seien Herr über unsere Welt, und daß wir uns daher unser eigenes Disney-Land bauen, indem wir uns einreden können, daß wir alle Wechselfälle des Lebens fest im Griff haben? Könnte es sein, daß unsere Blindheit und unsere Taubheit Zeichen dafür sind, daß wir uns gegen das Eingeständnis sträuben, nicht Herr der Welt zu sein? Es fällt uns schwer, diese Fragen den Rahmen reiner Rhetorik sprengen zu lassen und im innersten Herzen wirklich festzustellen, wie sehr unsere Ohnmacht uns zuwider ist.

Der Protest aus der Stille

Aber das Leben kann uns lehren, daß wir die Tagesereignisse, wenn wir sie auch nicht in der Hand haben, niemals aus dem Herzen verlieren dürfen, daß wir uns mit unserem persönlichen Leben, anstatt in Verbitterung zu geraten, der Weisheit fügen können, daß eine Antwort, mit der man etwas erreicht, nur aus dem Herzen kommen kann. Wenn die Antwort auf unsere Welt zwischen unserem Sinn und unserer Hand in der Schwebe bleibt, bleibt sie schwach und oberflächlich. Wenn unser Protest gegen Krieg, Rassentrennung und soziale Ungerechtigkeit nicht mehr ist als bloße Reaktion, wird unser Unwille selbstgerecht, entartet unsere Hoffnung auf eine bessere Welt zum Verlangen nach schnellen Ergebnissen und wird unsere Großmut schnell von Enttäuschungen aufgezehrt. Nur wenn unser Sinn bis in unser Herz hinunter reicht, können wir damit rechnen, daß aus der innersten Tiefe unseres Selbst eine Antwort von Dauer aufsteigt.

Viele von denen, die sich als Bürgerrechtler abgerackert und sich in der Friedensbewegung der sechziger Jahre sehr eingesetzt haben, sind müde und oft auch zynisch geworden. Als sie entdeckten, daß sie die Lage nicht mehr in der Hand hatten, daß man nur wenig tun konnte, daß keine merkliche Veränderung eintrat, ging ihnen die Spannkraft aus, und sie zogen sich auf ihr verletztes Ich zurück, suchten Zuflucht in einer Traum- und Phantasiewelt oder schlossen sich verächtlich der großen Masse an, gegen die sie protestiert hatten. Es überrascht daher nicht, wenn man viele von den ehemaligen Vorkämpfern jetzt im Kampf mit ihren Frustrationen findet, die sie zum Psychotherapeuten tragen, mit Rauschgift von sich weisen oder im Rahmen neuer Religionen zu mildern versuchen.

Wenn man den sechziger Jahren etwas zum Vorwurf machen kann, dann nicht, daß der Protest sinnlos war, sondern daß er nicht tief genug reichte, d. h., daß er seine

Wurzeln nicht in der Stille des Herzens hatte. Wenn wir nur Sinn und Hände einsetzen, machen wir uns schnell vom Resultat unseres Handelns abhängig und geben leicht auf, wenn es sich nicht einstellt. In der Stille des Herzens können wir wirklich die Schmerzen der Welt wahrnehmen, weil wir sie da als Schmerzen erkennen können, die uns nicht fremd und unvertraut, sondern eigentlich die unseren sind. Dort können wir sehen, daß das Allgemeinste auch das Persönlichste, und daß uns eigentlich nichts Menschliches fremd ist. Dort können wir spüren, daß die grausame Wirklichkeit der Geschichte eigentlich die Wirklichkeit des Menschenherzens, auch unseres eigenen, ist, und daß man, wenn man protestieren will, zuallererst die eigene Mitschuld am Zustand der Menschheit bekennen muß. Dort können wir dann wirklich eine Antwort geben.

In die Welt hinauszurufen, wir wären, jeder für sich persönlich, für alles Leid der Menschheit verantwortlich, würde uns lähmen. Aber die Botschaft, wir seien aufgerufen, ihm zu begegnen, macht uns frei. Denn aus innerer Solidarität mit unseren Mitmenschen können die ersten Versuche zur Linderung dieser Schmerzen erwachsen.

Geteiltes Leid

Diese innere Solidarität schützt uns vor Selbstgerechtigkeit und befähigt uns zum Mitleiden. Thomas Merton bringt das als Mönch mit den Worten gut zum Ausdruck:

> Hat Gott einen erst einmal zum eingezogenen Leben berufen, so führt einen alles, was man anpackt, noch tiefer in die Stille. Alles, was uns angeht, läßt uns zum Eremiten werden, solange wir nicht darauf bestehen, dies aus eigener Kraft zu schaffen und uns unsere eigene Einsiedelei zu bauen. Wie sieht meine neue Wüste aus? Ihr Name ist „geteiltes Leid". Keine andere Wildnis ist so schrecklich, so schön, so ausgedorrt und so fruchtbar wie die Wildnis des geteilten Leides. Es ist die einzige Wüste, der es wirklich bestimmt ist, wie eine Lilie zu blühen. Sie soll zum Teich wer-

den, sie soll Knospen treiben und blühen und vor Freude jubeln. Dort, in der Wüste des geteilten Leides, wird das dürstende Land zu Wasserquellen und besitzen die Armen alles.[15]

Das Paradoxe in Mertons Leben besteht tatsächlich darin, daß sein Rückzug aus der Welt seine Beziehungen zu ihr enger geknüpft hat. Je mehr er die Einsamkeit, die ihn umtrieb, zur Stille des Herzens werden lassen konnte, umso deutlicher konnte er das Leid seiner Welt mitten in seinem eigenen Herzen wiederfinden und ihm entsprechen. Seine Solidarität mit dem leidvollen Ringen der Menschen hat ihn zum Sprecher vieler gemacht, die seine Stille teilten, wenn sie es auch nicht so im geschriebenen Wort ausdrükken konnten wie er selbst. Wie sehr Merton sich in der Stille dessen bewußt wurde, was von ihm verlangt war, lassen folgende Zeilen erkennen:

Daß ich im Jahre 1915 geboren werden sollte, daß Auschwitz, Hiroshima, Vietnam und die Rassenunruhen von Watts in mein Leben fallen sollten, ist etwas, wozu man nicht mein Einverständnis eingeholt hat. Und doch sind das Ereignisse, die mich, ob ich will oder nicht, zutiefst und ganz persönlich angehen.[16]

Und nicht ganz ohne Sarkasmus fährt er fort:

... man durchschaut es jetzt ganz klar, daß die rein automatische „Abkehr von der Welt" und die „Weltverachtung" eigentlich nichts sind, wofür man sich entscheiden könnte, sondern die Flucht vor einer Entscheidung darstellen. Wenn jemand vorgibt, Auschwitz oder Vietnam gingen ihn nichts an, und er könne so tun, als gäbe es sie nicht, blufft er nur. Ich glaube, dieser Standpunkt wird bald Allgemeingut werden, sogar in Mönchskreisen.[17]

Mitleid als Frucht der Stille läßt uns sehr deutlich erkennen, daß auch wir „geschichtlich" sind. Es ist nicht unsere Aufgabe, dem Lauf der Dinge schlechthin zu entsprechen, sondern auf die konkreten Tatsachen einzugehen, denen wir Tag für Tag gegenüberstehen. Ein Mensch kann, wenn er fremdes Leid teilt, solche Erscheinungsformen des Bösen und des Todes nicht mehr als lästige Durchkreuzungen seines Lebensentwurfes ansehen, sondern muß sich ihnen stellen und sie als Chance zur eigenen Bekehrung wie auch zu der seiner Mitmenschen nutzen. Jedesmal, wenn Männer und Frauen es im Lauf der Geschichte fertiggebracht haben, die Zeitereignisse als Anlaß zur Bekehrung ihres Herzens zu nutzen, ist eine unerschöpfliche Quelle von Edelmut und neuem Leben aufgebrochen, die Grund zur Hoffnung ist, weit über die Grenzen dessen hinaus, was Menschen voraussagen können.

Solidarität im Leid

Wenn wir einmal über die Menschen nachdenken, die uns Hoffnung geschenkt und uns seelisch aufgerichtet und gestärkt haben, entdecken wir vielleicht, daß es nicht die Ratgeber, Warner oder Sittenprediger waren, sondern die wenigen, denen es gelungen ist, das richtige Wort und die richtige Tat für die menschliche Notlage zu finden, in die wir geraten sind, und die uns Mut gemacht haben, uns dem Leben zu stellen, wie es ist. Prediger, die das Geheimnisdunkel wegerklären, so daß nur noch „Probleme" übrigbleiben, und Pflästerchen zur Abhilfe bereithalten, machen uns nur traurig, weil sie sich vor der Solidarität im Leid drücken, in der echte Heilung ihren Ursprung hat. Dagegen können Tolstois Schilderung der vielschichtigen Gefühle, die Anna Karenina in den Selbstmord getrieben haben, und Graham Greenes Darstellung des „ausgebrannten Falles" des belgischen Architekten Querry, den seine Sinnsuche in den Tod im afrikanischen Dschungel führt, uns ein neues Gespür für die Hoffnung geben, und das nicht auf Grund einer Lösung, die sie zu bieten hätten, sondern weil sie den Mut haben, sich so tief in das menschliche Leid zu versenken und von dorther zu sprechen.

Weder Kierkegaard, noch Sartre, noch Camus, noch Hammarskjöld, noch Solschenizyn haben Lösungen angeboten, aber viele, die ihre Worte gelesen haben, finden wieder die Kraft, ihre eigene, persönliche Suche fortzusetzen. Wer sich unserem Leid nicht durch Flucht entzieht, sondern es mitleidend berührt, bringt Heilung und neue Kraft. Das Paradox besteht wirklich darin, daß die Heilung mit der Solidarität im Leid beginnt. In unserer Gesellschaft, der so viel an Lösungen liegt, ist es wichtiger denn je, zu der Einsicht zu kommen, daß der Wunsch, Leid zu lindern, ohne es zu teilen, auf den Wunsch hinausläuft, ein Kind aus einem lichterloh brennenden Haus zu retten, ohne selbst Brandverletzungen zu riskieren. Die Stille ist der Ort, an dem diese Solidarität im Leid Gestalt annimmt.

Der Schritt von der Einsamkeit zur Stille ist daher kein immer weiteres Abrücken von den brennenden Anliegen unserer Zeit, sondern eher eine Annäherung und ein noch persönlicherer Einsatz für sie. Der Schritt von der Einsamkeit zur Stille ist ein Vorgang, der uns unliebsame Störungen als Chancen zur Umkehr des Herzens erkennen läßt; das macht den Druck unserer Verantwortung zu einer echten Berufung und schafft den Raum im Herzen, in dem die Solidarität mit unseren leidenden Mitmenschen möglich wird.

Der Schritt von der Einsamkeit zur Stille ist ein Vorgang, in dem wir uns auf unseren Wesenskern zu bewegen, wo wir unsere großen Heilkräfte finden. Sie sind kein Exklusivbesitz, den man verteidigen müßte, sondern eine Gabe, die allen Menschen in gleicher Weise zugedacht ist. Und so leitet der Schritt von der Einsamkeit zur Stille von selbst über zu dem Schritt von der Feindseligkeit zur Gastfreundschaft. Eben dieser zweite Schritt kann uns zu dem Mut verhelfen, uns wirklich um die vielen zu bemühen, die wir auf unserem Wege treffen.

Der Weg zum Mitmenschen

Der zweite Schritt:
Von der Feindseligkeit zur Gastfreundschaft

Viertes Kapitel
Platz schaffen für Fremde

Unter lauter Fremden wohnen

Das erste Wesensmerkmal des geistlichen Lebens ist die dauernde Bewegung von der Einsamkeit zur Stille. Sein zweites, ebenso wichtiges Wesensmerkmal ist der Schritt, der unsere Feindseligkeit in Gastfreundschaft verwandeln kann. Hier kann unser neues Verhältnis zu uns selbst sich in einem immer wieder neuen Verhältnis zu unseren Mitmenschen fruchtbar auswirken. Hier kann der Weg zu unserem eigenen Personkern zum Weg werden, der zu all den Fremden führt, die uns im Laufe unseres Lebens begegnen. In unserer Welt mit ihrer Fülle von Fremden, die ihrer eigenen Vergangenheit, ihrer Kultur und ihrer Heimat, ihren Nachbarn, Freunden und Verwandten, ja, ihrem eigenen Ich und ihrem Gott fremd geworden sind, können wir beobachten, wie man unter Schmerzen nach gastlichen Stätten sucht, an denen man ohne Furcht sein Leben führen und menschliche Gemeinschaft antreffen kann. Obgleich viele, wenn nicht sogar die meisten Fremden auf dieser Welt leicht einer von Furcht beherrschten Feindseligkeit zum Opfer fallen, haben Männer und Frauen doch die Möglichkeit und Christen sogar die Pflicht, Fremden die Tür zu öffnen und ein Heim zu bieten, in dem sie ihre Fremdheit ablegen und zu unseren Mitmenschen werden können.

Der Schritt von der Feindseligkeit zur Gastlichkeit ist mühsam und voller Schwierigkeiten. Die Gesellschaft von heute scheint immer mehr aus Menschen zu bestehen, deren Haltung von Angst, Sicherheitsbedürfnis und Aggressionen bestimmt ist. Sie klammern sich krampfhaft an ihren Besitz, haben für ihre Umgebung zunächst einmal nur argwöhnische Blicke und leben in der ständigen Erwartung, es könne plötzlich jemand in böser Absicht vor ihnen stehen, bei ihnen eindringen oder Unheil stiften. Aber wir sind dennoch dazu berufen, den hostis zum hospes, den Feind zum Gastfreund zu machen und die Zone der Freiheit und Geborgenheit zu schaffen, in der man brüderliche und schwesterliche Gemeinschaft bilden und ohne Abstriche erleben kann.

Ein biblischer Begriff

Das Wort „Gastfreundschaft" könnte die Vorstellung von liebenswürdiger Güte, von Kaffeekränzchen, Plauderstunden und einer rundum behaglichen Atmosphäre wecken. Wahrscheinlich hat das seinen guten Grund, da der Begriff der Gastfreundschaft bei uns viel von seiner Kraft eingebüßt hat und oft in Kreisen gebraucht wird, in denen wir eher eine verwässerte Allerweltsfrömmigkeit als ein ernstliches Streben nach echt christlicher Spiritualität vermuten würden. Wenn es aber andererseits überhaupt eine Idee gibt, bei der sich die Wiederherstellung ihrer ursprünglichen Tiefe und Assoziationskraft lohnt, so ist es die Idee der Gastfreundschaft. Sie ist einer der dichtesten biblischen Begriffe, der unser Verständnis für unsere Beziehungen zu unseren Mitmenschen vertiefen und erweitern kann. Episoden aus dem Alten und dem Neuen Testament beweisen nicht nur den ganzen Ernst unserer Verpflichtung, den Fremden bei uns willkommen zu heißen, sie lassen auch durchblicken, daß die Gäste kostbare Gaben mitbringen, die sie nur zu gern vor dem Hausherrn ausbreiten, der ihnen Aufnahme gewährt.

Als Abraham in Mambre drei Fremde aufnahm und ihnen Wasser, Brot und ein vortreffliches, zartes Kälbchen vorsetzte, offenbarten sie sich ihm als der Herr mit der Verheißung, Sarah, seine Frau, werde einen Sohn gebären (Gen 18, 1–15). Als die Witwe von Sarepta Elija Brot und Obdach gewährte, offenbarte er sich ihr als Mann Gottes, gab ihr als Gastgeschenk Öl und Mehl im Überfluß und erweckte ihren Sohn von den Toten (1 Kön 17,9–24). Als die beiden Emmaus-Jünger den Fremden, der sich ihnen unterwegs angeschlossen hatte, zum Übernachten einluden, gab er sich ihnen am Brotbrechen als ihren Herrn und Erlöser zu erkennen (Lk 24,13–35).

Wenn die Feindseligkeit zur Gastfreundschaft wird, können verängstigte Fremde zu Gästen werden und ihren Gastgebern die Verheißung verkünden, die sie überbringen. Dann erweist sich wirklich, daß der Unterschied zwischen Gastgeber und Gast künstlich ist und sich in der Erkenntnis der neu entdeckten Einheit verflüchtigt.

So öffnen uns die biblischen Episoden nicht nur dafür die Augen, daß die Gastfreundschaft eine wichtige Tugend ist, sondern noch mehr dafür, daß Gast und Gastgeber im Rahmen der gastlichen Begegnung ihre kostbarsten Gaben voreinander ausbreiten und einander neues Leben schenken können.

In den letzten Jahrzehnten hat die Psychologie viel zu einem neuen Verständnis der zwischenmenschlichen Beziehungen beigetragen. Nicht nur Psychiater und Psychotherapeuten, sondern auch Sozialarbeiter, Beschäftigungstherapeuten, Seelsorger, Priester und viele andere, die in Fürsorgeberufen tätig sind, haben sich dieser neuen Erkenntnisse bei der Ausübung ihres Berufes dankbar bedient. Aber vielleicht haben einige von uns sich so sehr von diesen Neuentdeckungen beeindrucken lassen, daß wir das reiche Erbe aus dem Blick verloren haben, das in so alten Begriffen wie dem der Gastfreundschaft enthalten ist und gewahrt wird. Vielleicht kann der Begriff der Gastfreundschaft unserer Auffassung von therapeutischer Beziehung eine neue Dimension verleihen und in einer Welt, die so sichtlich an Sinnverlust und Entfremdung leidet, zum Aufbau einer Gemeinschaft führen, die heilend wirkt.

Man sollte daher den Begriff der Gastfreundschaft nicht

auf seinen buchstäblichen Sinn beschränken, Fremde bei uns zu beherbergen, – so wichtig es auch ist, das nie zu vergessen oder zu vernachlässigen –, sondern ihn als Grundhaltung unserem Mitmenschen gegenüber sehen, die man auf vielerlei Weise zum Ausdruck bringen kann.

Gemischte Gefühle Fremden gegenüber.

Obleich es zum innersten Wesen christlicher Spiritualität gehört, sich um Fremde zu bemühen und ihnen einen Platz in unserem Leben anzubieten, müssen wir uns darüber ganz im klaren sein, daß unsere Gefühlsregungen Fremden gegenüber recht gemischter Natur sind. Man braucht nicht viel Verhaltenspsychologie, um festzustellen, wie viele Formen von Ablehnung, bei der gewöhnlich Furcht und ängstliche Sorge mitspielen, uns daran hindern, Menschen in unsere Welt zu bitten.

Um ganz zu begreifen, wie wertvoll Gastfreundschaft sein kann, muß uns vielleicht selbst zuerst das Los der Fremde treffen. Ein Student berichtete:

Eines Tages bin ich mit wenig Geld in der Tasche von Nizza aufgebrochen und habe mein Glück als Anhalter versucht. Fünf Tage lang fuhr ich, wohin der Wind mich tragen wollte. Dann ging mir das Geld aus, und ich war ganz auf die Güte anderer angewiesen. Da habe ich gelernt, was es heißt, demütig zu sein und dankbar für eine Mahlzeit, fürs Mitgenommenwerden und ganz dem Zufall ausgeliefert zu sein ...

Man kann wohl sagen, daß Fremde in den letzten Jahren mehr und mehr Gegenstand der feindseligen Ablehnung als der Gastfreundschaft geworden sind. Haben wir doch unsere Wohnungen mit Hunden und Doppelschlössern, unsere Gebäude mit argusäugigen Pförtnern, unsere Straßen mit Anhalteverbotsschildern, unsere U-Bahnen mit Schutzpolizisten, unsere Flughäfen mit Kontrollbeamten, unsere Städte mit Polizeistreifen und unsere Heimat überall mit

Soldaten gesichert. Mögen wir vielleicht auch zeigen wollen, daß wir ein Herz für die Armen, die Einsamen, die Obdachlosen und Ausgestoßenen haben, so sind doch unsere Gefühle für den Fremden, der bei uns anklopft und um Brot und Obdach bittet, zumindest gemischt. Ganz allgemein setzen wir auf Fremde keine großen Hoffnungen. Wir sagen einander: „Versteck lieber dein Geld, schließ dein Zimmer ab und sichere dein Fahrrad mit der Kette." Menschen, die wir nicht kennen, die eine fremde Sprache sprechen, eine andere Hautfarbe haben, anders gekleidet sind und anders leben als wir, flößen uns Furcht und sogar Feindseligkeit ein. Oft befällt uns bei der Rückkehr aus dem Urlaub der bohrende Argwohn, ein Fremder könnte in unsere Wohnung eingebrochen sein und das Fach entdeckt haben, das uns als Versteck für unsere Wertsachen dient.

In unserer Welt gilt die Annahme, daß Fremde gefährlich sein können, und daß sie zuerst einmal das Gegenteil beweisen müssen. Auf Reisen lassen wir unser Gepäck nicht aus den Augen; im Straßengewühl achten wir auf unser Portemonnaie, und wenn wir nachts durch einen dunklen Park gehen, sind wir in höchster Alarmbereitschaft aus Furcht, man könnte uns überfallen. Unser Herz möchte wohl den Wunsch empfinden, anderen zu helfen: Hungrige zu speisen, Gefangene zu besuchen und Durchreisende zu beherbergen; doch inzwischen haben wir uns mit einer Mauer von Furcht und Antipathien umgeben und meiden instinktiv die Menschen und Örtlichkeiten, die uns an unsere guten Absichten erinnern könnten.

Es braucht gar nicht einmal so dramatisch zu sein. Furcht und Feindseligkeit beschränken sich nicht auf unsere Kontakte mit Einbrechern, Rauschgiftsüchtigen und Typen mit seltsamem Gebaren. In einer Welt, die so im Zeichen des Konkurrenzkampfes steht, können sogar Menschen, die einander sehr nahestehen wie, z. B., Klassenkameraden, Angehörige desselben Teams, derselben Schauspielbesetzung oder Arbeitskollegen von Furcht und Feindseligkeit befallen werden, wenn sie einander als Bedrohung ihrer geistigen oder beruflichen Sicherheit empfinden.

Viele Stätten, die man einrichtet, um Menschen einander näher zu bringen und ihnen beim Aufbau einer friedvollen Gemeinschaft zu helfen, sind zu geistigen Schlachtfeldern entartet. Die Studenten im Hörsaal, die Dozenten in Fakultätssitzungen, leitendes Krankenhauspersonal und Mitarbeiter an Gemeinschaftsprojekten finden sich häufig von gegenseitiger Feindseligkeit gelähmt, weil Furcht, Argwohn oder sogar unverhüllte Aggression ihnen die Erfüllung ihrer Aufgaben unmöglich machen. Es kommt vor, daß Einrichtungen, deren erklärtes Gründungsziel das Angebot von Zeit und Raum zur Entfaltung der kostbarsten Gaben, die im Menschen schlummern, war, so unter den Einfluß feindseliger Ablehnung geraten sind, daß einige der besten Gedanken und der wichtigsten Gefühle nicht mehr zum Ausdruck kommen. Oft bilden akademische Grade, Examina, Auswahlsysteme, Aufstiegschancen und das Streben nach Auszeichnungen ein so hohes Hindernis daß man das Beste, was Menschen leisten können, nicht mehr erkennen kann.

Feindseligkeit auch hinter den Kulissen

Neulich erzählte mir ein Schauspieler Dinge aus seinem Berufsmilieu, die mir für vieles in unserer derzeitigen Situation bezeichnend zu sein schienen. Beim Proben der rührendsten Auftritte, die Liebe, Zärtlichkeit und Herzenseinheit zum Inhalt hatten, waren die Schauspieler so eifersüchtig aufeinander und so um ihre Erfolgschancen besorgt, daß man hinter den Kulissen nur Auftritte von Haß, abstoßender Grausamkeit und gegenseitigem Argwohn erlebte. Diejenigen, die einander auf der Bühne küßten, waren versucht, einander hinter den Kulissen zu ohrfeigen, und diejenigen, die im Rampenlicht die tiefsten Regungen menschlicher Liebe zur Darstellung brachten, legten die gewöhnlichsten und gehässigsten Rangstreitigkeiten an den Tag, sobald die Scheinwerfer verlöscht waren.

Vieles in unserer Welt gleicht einer Theaterbühne, auf der Friede, Gerechtigkeit und Liebe von Schauspielern gemimt werden, die einander durch gegenseitige Feindseligkeit ausstechen. Gibt es nicht viele Ärzte, Priester, Juristen, Sozialarbeiter, Psychologen und Lebensberater, die von dem tiefen Wunsch, zu dienen, beseelt waren, als sie ihre Studien und ihre Arbeit aufnahmen, aber bald erleben müssen, wie erbitterter Brotneid und Feindseligkeit ihnen das Leben in ihrer Privatsphäre wie auch im Kollegenkreis verleiden? Viele Seelsorger und Priester, die von der Kanzel Frieden und Liebe verkünden, können in ihrem eigenen Pfarrhaus und am eigenen Tisch nicht viel davon entdecken. Viele Sozialarbeiter, die Familienkrisen zu beheben suchen, müssen auch in den eigenen vier Wänden mit ihnen ringen. Und wieviele von uns packt nicht die Angst, wenn wir in der Geschichte derer, die bei uns Hilfe suchen, von unserer eigenen Not hören?

Aber vielleicht ist es gerade dieses Paradox, das uns zur Heilung befähigen kann. Wenn wir unsere eigenen Aggressionen und Befürchtungen erkannt und rückhaltlos zugegeben haben, werden wir auch mit größerer Wahrscheinlichkeit ein inneres Gespür für den Gegenpol entwickeln, in dessen Kraftfeld wir nicht nur uns selbst, sondern auch unsere Nächsten bringen wollen. Was wir auf unserer Lebensbühne spielen, sieht wahrscheinlich immer besser aus als das, was hinter den Kulissen vorgeht, aber solange wir willens sind, uns diesem Gegensatz zu stellen, und uns redlich Mühe geben, ihn abzubauen, kann die Spannung immer zu unserer Demut beitragen, weil sie es uns ermöglicht, anderen unsere Hilfe anzubieten, ohne selbst von Fehlern frei zu sein.

Tür auf für Freiheit und Freundlichkeit

Wenn wir erst ein Gespür für die leidigen Ecken und Kanten unserer Feindseligkeit bekommen haben, können wir auch daran gehen, die Umrisse ihres Gegenteils auszumachen, das uns als Ziel gesteckt ist: die Gastfreundschaft. Im Deutschen spricht man von Gastfreundschaft, d. h. von Freundschaft für den Gast. Die Holländer sprechen von Gastfreiheit, d. h. von der Freiheit des Gastes. Obgleich man daraus schließen könnte, den Holländern ginge die Freiheit über die Freundschaft, beweist es im Endeffekt nur, daß die Gastfreundschaft Freundschaft anbieten will, ohne den Gast zu binden, und Freiheit, ohne ihn sich selbst zu überlassen.

Der Gastfreundschaft geht es also in erster Linie darum, einen Freiraum zu schaffen, der dem Fremden die Möglichkeit bietet, einzutreten und zum Freund zu werden anstatt zum Feind. Gastfreundschaft besteht nicht darin, Menschen zu verändern, sondern darin, ihnen den Raum zur Verfügung zu stellen, in dem Veränderung vor sich gehen kann. Sie besteht nicht darin, Männer und Frauen auf unsere Seite zu ziehen, sondern darin, eine Freiheit anzubieten, die von Parteigrenzen nicht beeinträchtigt wird. Sie besteht nicht darin, unseren Nächsten so in die Enge zu treiben, daß ihm keine Wahl mehr bleibt, sondern darin, einen breiten Fächer von Möglichkeiten zur freien Auswahl und zur Entscheidung anzubieten. Sie besteht nicht in einem gekonnten Einschüchterungsversuch mit guten Büchern, guten Geschichten und guten Werken, sondern in der Befreiung angsterfüllter Herzen, die den Boden bereiten will, auf dem Worte Wurzeln schlagen und reiche Frucht bringen können. Sie besteht nicht darin, unseren Gott und unsere Lebensweise zum entscheidenden Maßstab für das Glück zu machen, sondern darin, anderen Gelegenheit zu bieten, ihren Gott und ihre Lebensweise zu finden.

Das Paradox der Gastfreundschaft besteht darin, daß sie

ein Vakuum schaffen will, kein angsterfülltes Vakuum, sondern ein einladendes Vakuum, das Fremden zugänglich ist und zu der Entdeckung verhilft, daß sie als freie Menschen geschaffen sind; frei, ihre eigenen Lieder zu singen, frei, ihre eigene Sprache zu sprechen, frei, zu tanzen wie zu Hause, und auch frei, wieder zu gehen und dem zu folgen, zu dem sie selbst berufen sind. Die Gastfreundschaft ist keine versteckte Einladung zur Übernahme des Lebensstiles des Gastgebers, sondern sie bietet dem Gast die Chance, seinen eigenen zu finden.

Thoreau gibt uns ein gutes Beispiel für diese Haltung, wenn er schreibt:

Unter keinen Umständen möchte ich jemanden zur Übernahme meiner Lebensweise bewegen; denn abgesehen davon, daß ich schon wieder auf eine neue gestoßen sein könnte, bevor er einigermaßen mit ihr zurechtkommt, hätte ich in der Welt gerne so viele voneinander verschiedene Menschen wie nur möglich; aber es läge mir daran, daß jeder einzelne von ihnen mit aller Sorgfalt seinen eigenen Weg sucht und verfolgt und sich nicht mit dem seines Vaters, seiner Mutter oder seines Nächsten begnügt.[18]

Raum zu schaffen für den anderen, ist gar keine geringe Mühe. Sie verlangt gründliche Überlegung und zielstrebige Ausführung. Sie gleicht der Mühe eines Polizisten, der versucht, mitten in einer von Panik aufgescheuchten Menschenmenge einem Krankenwagen den Weg zum Unfallort zu bahnen. Es ist sogar öfter als nicht der Fall, daß Unduldsamkeit und Geltungsdrang, Machtstreben und Erfolgszwang, Ungeduld und Frustration und am allermeisten noch ganz einfache Furcht mit Macht ihre Ansprüche anmelden und darauf aus sind, sich in jedem nur möglichen Winkel unseres Lebens einzunisten, der noch frei ist. Ein Vakuum hat es an sich, Furcht entstehen zu lassen. Solange unser Geist, unser Herz und unsere Hände etwas zu tun haben, können wir den peinlichen Fragen ausweichen, denen wir noch nie viel Aufmerksamkeit geschenkt haben und die wir nicht auftauchen lassen möchten. Unabkömmliche Beschäftigung ist zum Standessymbol geworden, und die meisten Menschen spornen einander ständig dazu an, Leib und Geist pausenlos in Bewegung zu halten. Wenn man etwas Abstand gewinnt, entsteht der Eindruck, als versuchten wir, einander mit Worten und Taten bis zum Rand gefüllt zu halten, ohne auch nur einen Augenblick der Stille zu dulden. Gastgeber meinen oft, sie müßten ihre Gäste ständig unterhalten und ihnen etwas bieten, indem sie sie beschäftigen, ihnen die Gegend zeigen oder mit ihnen Besuche machen. Aber wenn man jeden freien Winkel ausfüllt und jeden freien Augenblick in Anspruch nimmt, wird ihre Gastfreundschaft eher zum bösen Traum als zur befreienden Offenbarung.

Beschäftigungsfülle und Furcht

Die meisten von uns möchten ausgefüllt sein und nicht leer. Wenn wir nichts zu tun haben, werden wir unruhig. Es packt uns sogar die Angst, wenn wir nicht wissen, was wir in der nächsten Stunde, am nächsten Tag oder nächstes Jahr tun sollen. Ausgefülltsein gilt dann als Segen, Leere als Fluch. So mancher Telefonanruf beginnt mit den Worten: „Ich weiß ja, daß Sie keine Zeit haben, aber ...," und wir würden den Sprecher aus dem Konzept bringen und sogar unseren Ruf gefährden, wenn wir sagen wollten: „Aber nein, ich bin völlig frei, heute, morgen und die ganze Woche." Unser Partner könnte sogar samt seinem Anliegen das Interesse an einem Menschen verlieren, der so wenig zu tun hat.

Viel Arbeit, Betriebsamkeit und Unterwegssein gehören fast zu unserem Normalbefinden. Wenn man uns einen Stuhl anbietet, aber ohne eine Zeitung, die wir lesen, Radiomusik, die wir hören, ein Fernsehprogramm, dem wir zuschauen, einen Besucher, den wir empfangen, oder ein Telefon, das wir benutzen könnten, werden wir leicht so unruhig und nervös, daß uns alles recht ist, wenn es uns nur wieder zerstreut.

Das erklärt, warum das Schweigen so schwierig ist. Viele Menschen, die sich nach ihren eigenen Worten so sehr nach Schweigen, Ruhe und Beschaulichkeit sehnen, würden die klösterliche Stille fast unerträglich finden. Wenn jeder Bewegung ringsum Einhalt geboten ist, wenn niemand ihnen eine Frage stellt, Rat sucht oder auch nur zur Hand gehen möchte, wenn die Musikberieselung oder die Zeitungen fehlen, verspüren sie sehr häufig eine solche innere Unruhe, daß sie voller Gier nach der nächstbesten Gelegenheit greifen, sich wieder in den Wirbel zu stürzen. Die ersten Wochen, wenn nicht gar Monate, in einem beschaulichen Kloster sind daher nicht immer so von Ruhe erfüllt, wie es den Anschein haben möchte, und es ist gar nicht so überraschend, daß man häufiger im Gewimmel von Badestränden und Camping-Plätzen oder in der Umgebung von Vergnügungsparks Ferien macht als im Schweigen eines Klosters.

All das beweist, daß die Furcht uns tatsächlich leichter zu Fall bringt als die Fülle. Wir fürchten uns so vor offenen Weiten und leeren Räumen, daß wir sie schon im Geist besetzen, bevor wir dort sind. Unsere Sorgen und Anliegen sind Ausdruck unseres Unvermögens, offene Fragen offen und Situationen mit ungewissem Ausgang ungewiß zu belassen. Sie lassen uns Hals über Kopf nach der erstbesten Lösungsmöglichkeit und Antwort greifen, die den Umständen angemessen zu sein scheint. Sie zeigen, daß wir nicht bereit sind, uns mit der Unbegreiflichkeit von Menschen und Ereignissen abzufinden, und lassen uns nach Etiketten und Klassifizierungen suchen, damit wir die Leere mit unseren eigenen Hirngespinsten ausfüllen können.

Wir sind wirklich Menschen geworden, die von vielen Bedenken geplagt werden, die Angst haben vor namenloser Leere und stiller Einsamkeit. Unsere Bedenken verhindern sogar, daß wir neue Erfahrungen sammeln, und zwingen uns, im alten Trott zu bleiben. Bedenken sind es, die uns ängstlich am Althergebrachten festhalten lassen, und oft sieht es so aus, als zögen wir eine böse Gewißheit einer Ungewißheit vor, die die Möglichkeit des Guten in sich birgt. Unsere Bedenken helfen uns bei der Konservierung der persönlichen Welt, die wir uns in langen Jahren gebaut haben, und stellen sich umwälzenden Veränderungen in den Weg. Unsere Ängste, Zweifel und Aversionen führen dazu, daß wir unsere Innenwelt mit Gedanken, Ansichten, Urteilen und Wertvorstellungen vollstopfen, an die wir uns klammern wie an einen kostbaren Besitz. Statt uns der Herausforderung neuer Welten zu stellen, die sich uns auftun wollen, und auf freiem Feld zu kämpfen, verstecken wir uns hinter den Mauern unserer sorgsam gehüteten Interessen und klammern uns an die vertrauten Lebensverhältnisse, die wir uns in der Vergangenheit geschaffen haben.

Wie reaktionär unsere Bedenken wirken, bringt der Yaqui-Indianer Don Juan in einem seiner Gespräche mit dem Anthropologen Carlos Castaneda überzeugend zum Ausdruck. Eines Tages fragte Carlos seinen Mentor Don Juan, wie er nach der Lehre des Indianers besser leben könne. „Sie denken und reden zuviel, Sie müssen Ihre Selbstgespräche einstellen", antwortete Don Juan. Er führte aus, daß wir den Fortbestand unserer Welt durch unsere inneren Gespräche sichern, und daß wir Selbstgespräche führen, bis alles so ist, wie es sein sollte, wobei wir unsere Wunschvorstellungen immer wieder von neuem aufgreifen und immer auf den gleichen ausgetretenen Pfaden bleiben. Wenn wir aufhören würden, uns vorzumachen, daß die Welt so und nicht anders ist, würde sie aufhören, so zu sein! Don Juan glaubte allerdings nicht, Carlos wäre diesem Schock schon gewachsen, aber er gab seinem Schüler den Rat, auf die Welt zu hören und so den Weg für Veränderungen freizugeben.[19]

Mag dieser Rat in den Ohren eines Firmenfunktionärs von heute auch wunderlich klingen, so sollte er für einen Menschen, der sich die Worte Jesu Christi zu Herzen genommen hat, nicht befremdlich sein. Hat er nicht auch gesagt, daß wir mit unseren Sorgen dem Anbruch des Reiches, d. h. der neuen Welt, den Weg versperren? Don Juan stellt die Frage, wieso wir überhaupt damit rechnen können, daß sich in unserem Leben wirklich etwas Neues tut, wenn unser Herz und Geist so von unseren eigenen Sorgen in Anspruch genommen sind, daß wir für die Signale, die eine neue Wirklichkeit ankündigen, kein Ohr mehr haben. Und Jesus sagt: „Macht euch ... keine Sorgen und fragt nicht: Was sollen wir essen? Was sollen wir trinken? Was sollen wir anziehen? Denn um all das geht es den Heiden. Euer himmlischer Vater weiß, daß ihr das alles braucht. Euch aber muß es zuerst um sein Reich und um seine Gerechtigkeit gehen; dann wird euch alles andere dazugegeben. Sorgt euch also nicht um morgen; denn der morgige Tag wird für sich selbst sorgen" (Mt 6,31–34).

Man kann also feststellen, daß es in unserer von Geschäftigkeit und ängstlichen Bedenken erfüllten Gesellschaft gar nicht so leicht ist, Raum zu schaffen. Und trotzdem brauchen wir, wenn wir überhaupt auf Heil, Erlösung, Gesundung und ein neues Leben hoffen, zunächst einmal einen aufnahmebereiten Freiraum, in dem uns etwas widerfahren kann. Eben deshalb ist die Haltung der Gastfreundschaft so wichtig. Wir können die Welt durch einen neuen Plan, einen neuen Entwurf oder eine neue Idee nicht ändern. Wir können nicht einmal andere Menschen durch unsere Überzeugungen, Erzählungen, Ratschläge und Vorschläge ändern, aber wir können für den Raum sorgen, in dem die Menschen den Mut schöpfen, sich ihrer Waffen zu entledigen, ihre Geschäftigkeit und Sorgen abzulegen und aufmerksam und mit Bedacht auf die Stimmen zu lauschen, die sich in ihrem eigenen Herzen zu Wort melden. Für die große Bedeutung des Leer-Werdens, das uns zum Lernen verhelfen soll, bringt die folgende Zen-Episode ein gutes Beispiel:

Nan-in, ein japanischer Meister der Meiji-Periode (1868–1912), empfing einen Universitätsprofessor, der sich über das Zen erkundigen wollte. Nan-in setzte ihm Tee vor. Er füllte die Tasse seines Gastes bis zum Rand und goß dann immer weiter. Der Pofessor sah zu, wie die Tasse überlief, bis er nicht mehr an sich halten konnte. „Sie ist übervoll. Es geht nichts mehr hinein!" „Wie diese Tasse," sagte Nan-in, „sind auch Sie voll von Ihren Ansichten und Gedanken. Wie kann ich Ihnen das Zen darlegen, wenn Sie nicht zuerst Ihre Tasse leeren?"[20]

Will man Feindseligkeit in Gastfreundschaft umwandeln, so muß man den anheimelnden Freiraum schaffen, in dem wir uns um unsere Mitmenschen bemühen und ihnen ein neues Miteinander anbieten können. Diese Wandlung ist ein geistiges Geschehen, das keine Einwirkung von außen verträgt, sondern sich von innen her entwickeln muß. Ebenso wie wir das Wachstum einer Pflanze nicht erzwingen, sondern nur das Unkraut und die Steine entfernen können, die ihre Entwicklung hemmen, so können wir auch niemanden zu einem so personalen und intimen Sinneswandel zwingen, aber wir können den Raum zur Verfügung stellen, in dem solch ein Wandel möglich ist.

Fünftes Kapitel
Formen der Gastfreundschaft

Die Ambivalenz unserer Beziehungen

Die Bewegung von der Feindseligkeit zur Gastfreundschaft ist eine Bewegung, die unser Verhältnis zu anderen bestimmt. Wahrscheinlich können wir uns nie all unserer Feindseligkeit begeben, und es mag sogar Tage und Wochen geben, in denen unsere feindseligen Regungen unser Gefühlsleben so sehr beherrschen, daß wir am besten Distanz wahren, wenig mit anderen sprechen und unsere Korrespondenz höchstens an unsere eigene Adresse richten. Was uns im Leben widerfährt, kann Verbitterung, Eifersucht, Argwohn und sogar Rachegelüste hervorrufen, die nur die Zeit heilen kann. Es ist realistisch, uns damit vertraut zu machen, daß das Leben trotz unserer Hoffnung auf eine zunehmend gastfreundliche Haltung unsererseits in seiner unendlichen Vielschichtigkeit keine Aussicht auf unbeirrten Fortschritt bietet. Aber wenn wir einmal an die Gastfreundschaft denken, mit der andere uns erfreut haben, und für die kurzen Augenblicke dankbar sind, in denen auch wir Freiraum schaffen können, gelingt es uns vielleicht besser, unsere inneren Regungen wahrzunehmen und unseren Mitmenschen gegenüber eine offene Haltung zu beziehen.

Wenn wir in der Gastfreundschaft die Schaffung eines freien und anheimelnden Raumes sehen, in dem wir uns Fremden zuwenden und ihnen unsere Freundschaft anbieten können, versteht sich von selbst, daß das auf vielen Ebenen und in vielen Zuordnungen geschehen kann. Wenn man bei dem Wort „Fremder" auch unwillkürlich an jemanden denkt, der einer anderen Welt als der unseren angehört, der eine andere Sprache spricht und andere Sitten und Gebräuche pflegt, so ist es doch vor allem wichtig, daß wir auch in unserer eigenen, vertrauten Umgebung den Fremden erkennen. Wenn wir es fertigbringen, für die Fremden in unserem eigenen Kreis gute Gastgeber zu sein, wird es uns wohl auch gelingen, den Horizont unserer Gastfreundschaft zu erweitern. Es ist daher vielleicht angebracht, einmal drei Arten von Verhältnissen näher zu betrachten, die unter dem Gesichtspunkt der Gastfreundschaft verständlicher werden: das Eltern-Kinder-Verhältnis, das Lehrer-Schüler-Verhältnis und das Verhältnis von Angehörigen der Heilberufe – wie, z. B., Ärzten, Fürsorgern, Psychologen, Lebensberatern, Krankenpflegern, Seelsorgern und Priestern – zu ihren Patienten, Schützlingen, Ratsuchenden und Pfarrkindern.

Irgendwo auf unserem Lebensweg geraten wir in alle drei der hier aufgezählten Verhältnisarten. Wenn das Leben in seiner Vielschichtigkeit verwirrend ist, so hängt das unmittelbar damit zusammen, daß wir uns oft in ein und demselben Augenblick, und das noch auf beiden Seiten, von allen drei Verhältnisarten erfaßt sehen. Während wir unseren Kindern Vater, unseren Schülern Lehrer und denen, die zu uns in die Sprechstunde kommen, Berater sind, bleiben wir in einem anderen Zusammenhang doch auch wieder Kinder, Schüler und Patienten. Während wir versuchen, es als Mutter gut zu machen, haben wir oft auch selbst noch Tochterpflichten; während wir tagsüber als Lehrer im Hörsaal stehen, sitzen wir vielleicht abends auf der Hörerseite; und während wir anderen mit unserem Rat beistehen, geht uns hier und da auf, wie dringend wir auch selbst seiner bedürfen. Wir alle sind Kinder und Eltern, Schüler und Lehrer, heilende Helfer und Hilfsbedürftige zugleich. Und so wechseln wir immer wieder und auf vielerlei Weise die Fronten und gehen bei einander ein und aus. Während die verwirrende Vielfalt dieses „ein und aus" eine ständig wachsende Zahl von Studien, Forschungsprojekten, Büchern und Instituten hervorgebracht hat, könnte der Begriff der Gastfreundschaft all diese zwischenmenschlichen Beziehungen vielleicht auf einen gemeinsamen Nenner bringen. Dann würde uns vielleicht aufgehen, wie sie allesamt unter das große Gebot fallen: „Du sollst deinen Nächsten lieben wie dich selbst" (Mk 12,31).

Eltern und Kinder

Es mag merkwürdig klingen, bei der Behandlung des Eltern-Kinder-Verhältnisses den Begriff der Gastfreundschaft ins Spiel zu bringen. Aber es ist eine zentrale Aussage der christlichen Verkündigung, daß Kinder kein Eigentum sind, über das man als Besitzer waltet, sondern Gaben, die man hegt und pflegt. Unsere Kinder sind die wichtigsten Gäste, die zu uns ins Haus kommen, sorgsame Zuwendung verlangen, eine Zeitlang bei uns verweilen und dann aufbrechen, um ihre eigenen Wege zu gehen. Kinder sind Fremdlinge, die wir näher kennenlernen müssen. Sie haben ihren eignen Stil, ihren eigenen Rhythmus und ihre eigenen Anlagen zum Guten wie zum Bösen. Ein Blick auf ihre Eltern genügt nicht zur Erklärung ihres eigenen Wesens. Daher überrascht es nicht, wenn man Eltern von ihren Kindern sagen hört: „Sie sind alle voneinander verschieden, keins ist wie das andere, und immer wieder sind wir sprachlos vor Überraschung." Väter und Mütter haben oft einen besseren Blick dafür, wie ihre Kinder sich von ihnen und voneinander unterscheiden. Kinder sind zukunftsträchtig, in ihnen ruht ein verborgener Schatz, den man durch Erziehen (er = hervor) in einem gastlichen Zuhause heben muß. Man braucht viel Zeit und Geduld, bis sich der kleine Fremdling heimisch fühlt, und es entspricht den Tatsachen, wenn man sagt, daß Eltern ihre Kinder lieben lernen müssen. Manchmal sind ein Vater oder eine Mutter so frei und ehrlich, zuzugeben, er oder sie hätten das Neugeborene wie einen Fremdling angeschaut, ohne sich besonders zu ihm hingezogen zu fühlen, nicht, weil das Kind unerwünscht gewesen wäre, sondern weil Liebe sich nicht von selbst einstellt. Sie ist die Frucht einer Beziehung, die wachsen und sich vertiefen muß. Man kann sogar sagen, die Liebe zwischen Eltern und Kindern entwickle sich und reife, bis sie sich aufeinander zu bewegen und einander als Mitmenschen entdecken können, die einander viel zu geben haben und deren Alters-, Begabungs- und Verhaltensunterschiede längst nicht so wichtig sind wie das gemeinsame Menschsein.

Was Eltern bieten können, ist ein Zuhause, eine Stätte, die zum Verweilen lädt, die aber auch eine feste Umfriedung besitzt, in der die Kinder heranwachsen und durch Erfahrung lernen können, was nützlich und was schädlich ist. Hier können ihre Kinder ungeniert mit Fragen kommen und das Leben ausprobieren, ohne Blamagen zu riskieren. Hier kann man ihnen sagen, sie sollten auf ihre innere Stimme hören und zu der Freiheit heranwachsen, die ihnen den Mut zum Abschied vom Elternhaus und zur Weiterreise gibt. Am heimischen Herd ist ja der Ort, an dem Vater, Mutter und Kinder einander zeigen können, wozu sie fähig sind, wo sie einander als Glieder derselben menschlichen Familie gewahren und einander beistehen können im gemeinsamen Daseinskampf.

Die Einsicht, daß Kinder Gäste sind, kann befreiend wirken, da viele Eltern ihren Kindern gegenüber tiefe Schuldgefühle haben, weil sie glauben, für alles verantwortlich zu sein, was ihre Söhne oder Töchter tun. Wenn sie sehen, daß ihr Kind einen Lebenswandel führt, den sie nicht billigen, können Eltern sich Vorwürfe machen und fragen: „Was haben wir falsch gemacht? Was hätten wir tun sollen, um solche Sitten zu verhindern?" und ratlos überlegen, wo sie versagt haben. Aber Kinder sind kein Besitztum, das wir im Griff haben könnten wie ein Puppenspieler seine Puppen oder abrichten könnten wie ein Löwenbändiger seine Löwen. Sie sind Gäste, auf die wir eingehen müssen mit unserer Antwort, aber kein Eigentum, für das wir verantwortlich sind.

Viele Eltern bezweifeln den Wert der Taufe Neugeborener. Aber ein wichtiger Aspekt der Kindertaufe besteht darin, daß Eltern, wenn sie ihr Kind zur Kirche tragen, daran erinnert werden, daß das Kind nicht ihr Privatbesitz, sondern ein Geschenk Gottes an eine Gemeinschaft ist, die weit über die engste Familie hinausreicht. In unserer Zivilisation hat es den Anschein, daß die leiblichen Eltern die ganze Verantwortung für ihr Kind tragen. Die Wohnhochhäuser, in denen Familien in ihren separaten Kleinwohnungen hausen und oft ängstlich von ihren Nachbarn Abstand wahren, bieten dem Kleinkind allerdings kaum einen anderen Halt als die eigenen Eltern.

Auf einer Mexikoreise saß ich einmal auf einer Bank auf einem Dorfplatz und sah plötzlich, wieviel größer die Familie der Kleinkinder war. Tanten, Onkel, Freunde und Nachbarn drückten, küßten und trugen sie auf dem Arm umher, und man hatte den Eindruck, die ganze Gemeinde, die fröhlich ihren Feierabend auf der Plaza verbrachte, würde für die Kleinen zu Vater und Mutter. Aus ihrem zutraulichen und unbefangenen Verhalten konnte ich erkennen, daß jeder für sie zur Familie gehörte.

Vielleicht ist die Kirche eine der wenigen noch verbliebenen Stätten, an denen wir mit Menschen zusammenkommen, die anders sind als wir, mit denen wir aber eine Großfamilie bilden können. Wenn wir nun unsere Kinder aus dem Haus und zur Taufe in die Kirche tragen, so ist das wenigstens ein bedeutsamer Hinweis auf die größere Gemeinschaft, in die sie hineingeboren werden und die ihnen für ihr unbeschwertes Heranwachsen bis zur Reife einen Freiraum bieten kann.

Eltern haben die schwierige Aufgabe, Kinder in die Freiheit hineinwachsen zu lassen, in der sie physisch, geistig und geistlich auf eigenen Füßen stehen können, und ihnen dann ihren eigenen Weg freizugeben. Es ist und bleibt für uns eine Versuchung, uns an unsere Kinder zu klammern, sie für unsere ungestillten Bedürfnisse einzuspannen und sie festzuhalten mit dem bald offenen und bald versteckten Hinweis, sie verdankten uns ja so viel. Es fällt einem wirklich schwer, die Kinder nach all den Jahren voller Liebe und Mühe, die sie heranreifen lassen sollten, aus dem Haus gehen zu sehen; aber wenn wir uns vor Augen halten, daß sie ja nur Gäste sind mit ihren eigenen Zielen, die wir weder kennen noch zudiktieren, dann fällt es uns wohl leichter, sie in Frieden und mit unserem Segen ziehen zu lassen. Ein guter Gastgeber versteht es nicht nur, seinen Gästen einen ehrenvollen Empfang zu bereiten und alle Liebe zu erweisen, die sie brauchen, sondern auch, sie ziehen zu lassen, wenn ihre Abschiedsstunde gekommen ist.

Lehrer und Schüler

Nicht nur im Bereich der Beziehungen zwischen Eltern und ihren Kindern, sondern auch in dem der Beziehungen zwischen Lehrern und ihren Schülern kann die Gastfreundschaft als Modellfall für eine fruchtbare Gegenseitigkeit von Mensch zu Mensch dienen. Wenn es überhaupt ein Gebiet gibt, das nach einem neuen Geist, nach einer erlösenden und befreienden Spiritualität ruft, so ist es das Bildungswesen, dem so viele Menschen als Lernende oder Lehrende oder in beiden Eigenschaften ihr Leben oder wenigstens ganz entscheidende Abschnitte ihres Lebens widmen. Eine der größten Tragödien unserer Zivilisation besteht darin, daß Millionen junger Menschen viele Stunden, Tage, Wochen und Jahre lang Vorlesungen hören, Bücher studieren, Referate verfassen und sich immer mehr dagegen auflehnen. Dieses Phänomen hat so sehr um sich gegriffen, daß man Lehrer aller Stufen, von der Grundschule bis zur Akademie mit Promotionsrecht, mit Lob und Anerkennung bedenkt, wenn es ihnen gelingt, die Aufmerksamkeit ihrer Schüler zu fesseln und sie für ihre Arbeit zu gewinnen. Praktisch sieht jeder Student seine Ausbildung als eine endlos lange Folge von Pflichtübungen, die er ableisten muß. Wenn es überhaupt eine Zivilisation fertiggebracht hat, den Menschen ihre natürliche, spontane Wißbegier zu nehmen und das menschliche Erkenntnisstreben abstumpfen zu lassen, dann ist es unsere technokratische Gesellschaft.

Wir merken als Lehrer nicht einmal mehr, wie lächerlich es ist, daß erwachsene Männer und Frauen meinen, sie „müßten" uns ein Referat von mindestens zwanzig Seiten liefern. Es überrascht uns gar nicht mehr, wenn Männer und Frauen, die unsere Vorlesungen belegt haben, in denen es um Leben und Tod geht, sich ängstlich besorgt nach dem Ausmaß ihrer „Pflichtarbeit" erkundigen. Anstatt eine Anzahl unbeschwerter Jahre darauf zu verwenden, mit Hilfe anderer, die ihre eigenen Erfahrungen in Wort und Schrift bekundet haben, nach dem Wert und dem Sinn unseres menschlichen Daseins zu forschen, haben die meisten Studenten nichts anderes im Kopf als Zeugnisnoten, akademische Grade und Preise und sind bereit, dafür sogar ihre menschliche Entwicklung hintanzusetzen.

In solch einem Klima darf man sich nicht wundern, wenn ein enormer Widerwille gegen das Studium entsteht und echte geistige und seelische Entwicklung weithin zu kurz kommen infolge von Schulverhältnissen, in denen die Studenten in ihren Lehrern eher unerbittliche Bosse sehen als Weggeleiter auf der Suche nach Wissen und Erkenntnis.

Eins der größten Probleme der Pädagogik besteht immer noch darin, daß man Lösungen anbietet, bevor sich eine Frage ergeben hat. Es scheint, die Bildungs- und Auskunftsquelle, von der man den geringsten Gebrauch macht, ist die eigene Erfahrung der Schüler. Manchmal sprechen Lehrer über Liebe und Haß, Furcht und Freude, Hoffnung und Verzweiflung, während die Schüler brav mitschreiben oder gelangweilt zum Fenster hinausschauen. Das kann man nur verstehen, wenn man bedenkt, daß die Schüler selbst keine

Gelegenheit hatten, sich ihre eigene Erfahrung von Liebe und Haß, Furcht und Freude, Hoffnung und Verzweiflung zunutze zu machen und ihre echten Fragen aus dieser ganz persönlichen Quelle aufsteigen zu lassen. Aber in einer feindseligen Atmosphäre möchte niemand sich eine Blöße geben und sich, seinen Mitschülern oder seinem Lehrer eingestehen, daß einige der entscheidendsten Lebensfragen noch nicht berührt worden sind.

Zum Unterrichten muß man daher vor allem einen Raum schaffen, in dem Schüler und Lehrer unbefangen miteinander verkehren und ihre beiderseitige Lebenserfahrung als wichtigste und wertvollste Grundlage für Wachstum und Reifung einbringen können. Man braucht eine Sphäre gegenseitigen Vertrauens, in der die Lehrenden wie die Lernwilligen aufeinander zugehen können, ohne einander feind zu sein, doch als Menschen, die gemeinsam dieselben Kämpfe zu bestehen haben und miteinander auf der Suche nach der gleichen Wahrheit sind.

Ich entsinne mich eines Studenten, der ganz begeistert die Zusammenfassung eines Buches über Zen-Meditation vortrug, während das, was er aus seinem eigenen Leben an Ruhelosigkeit, Einsamkeit und Sehnsucht nach stiller Einkehr kannte, ihm ein Buch mit sieben Siegeln blieb. Wie Worte für die Mitteilung zum Hemmnis werden können, so können auch Bücher die Selbsterkenntnis vereiteln.

Unterrichtsverhältnisse, in denen Schüler wie Lehrer durch und durch von Furcht vor Ablehnung, Zweifeln und Unsicherheit dem eigenen Können gegenüber und von einem oft unartikulierten Groll beherrscht sind, schaden der Bildung nur. Niemand wird seine kostbarste Gabe vor denen ausbreiten, die er fürchtet.

Aber kann man denn einander im Hörsaal gastfreundlich begegnen? Das ist gar nicht so einfach, da Lehrer wie Schüler einer Gesellschaft angehören, die sehr viel verlangt, rücksichtslos und oft ausbeuterisch ist. Inneres Wachsen und Reifen sind in ihr weniger wichtig geworden als die Fähigkeit, etwas zu leisten und nicht nur gute Noten, sondern auch den Lebensunterhalt zu verdienen. In solch einer Leistungsgesellschaft hat nicht einmal mehr die Schule Zeit oder Raum, in denen man Fragen nach dem Warum unseres Lebens und Liebens, unseres Arbeitens und Sterbens stellen könnte, ohne Konkurrenz und Rangstreitigkeiten fürchten oder um Strafe oder Anerkennung bangen zu müssen.

Und doch geht es, christlich gesehen, beim Lehren darum, ganz entschieden für den umfriedeten Raum zu sorgen, in dem man sich solcher Fragen bewußt werden und auf sie eingehen kann, und das nicht nur mit Fertiglösungen, sondern mit der ausdrücklichen Aufforderung, sie ernstlich und ganz persönlich aufzugreifen. Wenn wir die Lehrtätigkeit als Gastfreundschaft sehen, kann man sagen, der Lehrer sei dazu berufen, für seine Schüler einen Raum der Freiheit und Geborgenheit zu schaffen, in dem ihre geistig-seelische Entwicklung vor sich gehen kann. Wenn man etwas zur „Spiritualität des Lehrers" sagen will, verdienen zwei Seiten seiner Tätigkeit besondere Beachtung: er „enthüllt" und bestätigt.

Ein gastfreundlicher Lehrer muß seinen Schülern die Enthüllung machen, daß sie etwas zu bieten haben. Viele Schüler sind schon so lange Jahre nur Empfänger gewesen, und dabei hat sie der Gedanke, sie müßten noch viel mehr lernen, so tief durchdrungen, daß sie ihr Selbstvertrauen eingebüßt haben und sich kaum vorstellen können, sie hätten auch ihrerseits etwas zu bieten, und das nicht nur den weniger Fortgeschrittenen, sondern auch ihren Kursgenossen und den Lehrern.

Deshalb muß ein Lehrer zuallererst enthüllen, die Hülle entfernen, unter der das Denken vieler Schüler sich verbirgt, und ihnen die Augen dafür öffnen, daß auch ihre Lebenserfahrungen, auch ihre Erkenntnisse und Überzeugungen, auch ihre Intuitionen und Formulierungen ernste Aufmerksamkeit verdienen. Der ist ein guter Gastgeber, der glaubt, daß sein Gast eine Verheißung im Gepäck mitführt, die er vor jedem ausbreiten möchte, der wirklich Interesse zeigt. Es ist so leicht, bei Schülern Eindruck zu schinden mit Büchern, die sie nicht gelesen haben, mit Fachausdrükken, die sie noch nie gehört haben, oder mit Verhältnissen, die ihnen nicht vertraut sind. Viel schwieriger ist es, ein Empfangender zu sein, der den Schülern helfen kann, in ihrem eigenen Leben sorgsam Weizen und Unkraut auseinanderzuhalten und zu zeigen, wie schön die Gaben sind, die sie mit sich führen. Wir werden nie auf den Gedanken kommen, wir hätten etwas zu geben, wenn niemand da ist, der es entgegennehmen kann. Machen wir doch erst in den Augen des Beschenkten die Entdeckung, daß wir mit Gaben kommen. Lehrer, die sich von dem Bedürfnis, Eindruck zu machen und die Dinge fest im Griff zu haben, lösen und es sich leisten können, sich dem Neuen zu öffnen, das ihre Schüler mitbringen, werden feststellen, daß Gaben sichtbar werden, wo man bereit ist, sie anzunehmen.

Was sich als gut, der Mühe wert oder als neue Erkenntnis erwiesen hat, bedarf noch der Bestätigung. Ermutigung und Hilfe sind oft viel wichtiger als Kritik. Der ist ein guter Gastgeber, der seinen Gästen nicht nur zu der Entdeckung verhilft, daß sie verborgene Talente besitzen, sondern ihnen auch helfen kann, diese Talente zu entwickeln und zu pflegen, so daß sie aus eigener Kraft mit neuem Selbstvertrauen weitergehen können. In vielen Schulen hat die Seuche des Selbstzweifels so sehr um sich gegriffen, daß es mehr als je zuvor auf Bestätigung ankommt. Die Bestätigung kann viele Gesichter haben: Sie kann darin bestehen, daß man Begeisterung, Überraschung oder Dank zum Ausdruck bringt. Sie kann darin bestehen, daß man gute Bücher empfiehlt oder Wege zu Fachleuten bahnt. Oft besteht sie nur darin, daß man die richtigen Leute aneinander bringt oder Zeit und Ort für gründlicheres Nachdenken reserviert. Aber immer ist ihr Bestandteil auch die tiefe Überzeugung, daß eine kostbare Gabe Aufmerksamkeit und dauernde Pflege verdient.

Besonders im Religionsunterricht sind Enthüllung und Bestätigung Faktoren von großer Bedeutung. Daß so vielen Schülern an religiöser Unterweisung nichts liegt, hängt damit zusammen, daß sie sich hier in ihrem eigenen Leben kaum betroffen fühlen. Man kann auf ebenso vielerlei Art und Weise Christ sein, wie es Christen gibt, und es scheint weniger wichtig zu sein, die Schüler mit Glaubenssätzen oder in Fachterminologie verschlüsselten Ideen zu indoktrinieren, als ihnen vielmehr den Zugang zu dem Punkt zu erschließen, an dem sie ihre reichen menschlichen Anlagen, zu lieben, zu geben und schöpferisch zu sein, enthüllen und die Bestätigung finden können, die ihnen den Mut gibt, furchtlos weiter zu suchen.

Nur wenn unsere eigenen Lebenserfahrungen uns nahegegangen sind und wir gelernt haben, darauf zu lauschen, wie gebieterisch unser Herz nach Befreiung und neuem Leben verlangt, können wir zu der Einsicht kommen, daß Jesus nicht nur gesprochen, sondern unsere ureigensten Bedürfnisse zu seinem Anliegen gemacht hat. Das Evangelium ist nicht einfach eine Sammlung nützlicher Lebensregeln. Es ist eine Botschaft, die jeden einzelnen von uns in seiner menschlichen Situation trifft. Die Kirche ist keine Einrichtung, die uns zur Beobachtung ihrer Satzungen zwingt. Sie ist ein Personenkreis, der uns einlädt, an seinem Tisch unseren Hunger und unseren Durst zu stillen. Glaubenssätze sind keine fremdartigen Formulierungen, zu denen wir uns bekennen müssen, sondern der urkundliche Nachweis der tiefsten menschlichen Erfahrungen, die Raum und Zeit übersteigen und uns von Generation zu Generation als Licht in unserer Finsternis weitergegeben werden.

Aber was nutzt es, wenn man Menschen, die ihre Finsternis nicht wahrnehmen, vom Licht erzählt? Warum sollten wir jemandem vom Weg erzählen, dem nicht geläufig ist, daß es viele Straßen gibt? Wie kann jemand sich nach der Wahrheit sehnen, wenn er oder sie nicht einmal weiß, daß es Fragen gibt? Es überrascht nicht, daß viele den Religionsunterricht langweilig, überflüssig und unnötig finden, und daß sie ihm vorwerfen, er bewirke Angst statt Freude, geistige Fesselung statt geistlicher Freiheit. Wer aber in der glücklichen Lage war, einen Ort der Ruhe und des inneren Friedens zu finden, und aufmerksam auf die Fragen gehört hat, die aus dem eigenen Herzen aufgestiegen sind, wird auch erkennen, daß Worte, die man an solch einem Ort spricht, nicht schmerzen, sondern heilen wollen.

So sind Enthüllung und Bestätigung zwei wichtige Aspekte des Lehrer-Schüler-Verhältnisses. Beide Aspekte lassen erkennen, daß Schüler nicht schlechthin die armen, bedürftigen, dummen Bettler sind, die zum weisen Mann oder zur weisen Frau kommen, sondern daß sie wirklich Gäste sind, die das Haus mit ihrem Besuch beehren und es nicht verlassen werden, ohne ihren eigenen Beitrag geleistet zu haben. Wenn man in der Lehrtätigkeit eine Form der Gastfreundschaft erblickt, kann man ihr vielleicht etwas von ihrer drückenden Unwirklichkeit nehmen und einige ihrer erfreulichen Momente wieder in den Gesichtskreis heben.

Ebenso wie Eltern versucht sind, ihre Kinder mit Besitzeraugen zu sehen, können auch Lehrer ihren Schülern gegenüber zu einer ähnlichen Haltung kommen. Viele Lehrer verfallen tatsächlich oft in Traurigkeit und Niedergeschlagenheit, weil sie Besitzerverantwortung empfinden. Sie fühlen sich unglücklich oder sogar schuldig, wenn Schüler ihre Gedanken, Ratschläge oder Vorschläge nicht annehmen, und leiden oft an einem tiefen Unzulänglichkeitsgefühl.

Wenn wir Lehrer sind, ist es daher gut, zu wissen, daß man Schüler nicht zu einer ganz bestimmten Gestalt zurechtkneten kann, in der sie das Leben meistern sollen, sondern daß sie nur vorübergehend zu Besuch und schon in vielen Räumen gewesen sind, bevor sie den unseren betreten haben. Unser Verhältnis zu unseren Schülern ist zunächst einmal ein Verhältnis, in dem wir uns unseren Schülern auf ihrer Suche zur Verfügung stellen, um ihnen zu helfen, die vielen Eindrücke ihres Geistes und ihres Herzens etwas deutlicher zu sehen und Denkweisen und Einstellungen zu entdecken, auf die sie dann ihr Leben aufbauen können. Durch Hilfestellung können wir den umfriedeten Raum anbieten, in dem unsere Schüler ihre Abwehrhaltung aufgeben und ihre eigene Lebenserfahrung mit all ihren starken und schwachen Seiten einer eingehenden Prüfung unterziehen können, um so die ersten Anfänge eines Plans zu entdecken, der es wert wäre, ihn zu verfolgen. Als Lehrer müssen wir unsere Schüler zum Nachdenken bringen, das zu einem Entwurf führt – zu ihrem, nicht zu unserem.

Es entspricht allerdings nur den Tatsachen, wenn man sagt, daß viele Schüler die Anforderungen der Bildungsanstalten, die sie durchlaufen müssen, so leid sind und jedem, der etwas Neues erwartet, mit soviel Mißtrauen begegnen, daß sie nur selten für einen wirklich gastfreundlichen Lehrer ansprechbar und fähig sind, das Risiko des Vertrauens – in ihn wie in sich selbst – einzugehen. Anderseits stimmt es auch, daß viele Lehrer mit den besten Absichten den Versuch, ihre Schüler zu „erreichen", so leid geworden und von den Anforderungen, die die großen und oft anonymen Gefüge, in denen sie arbeiten müssen, ihnen auferlegen, so erschöpft sind, daß ihre Gastfreundlichkeit schnell zu einer Abwehrhaltung entartet. Anstatt zu enthüllen und zu bestätigen, merken sie plötzlich, wie sie forderten und überwachten, ja sogar manchmal explodierten und Rache übten. Daher braucht man sich nicht zu wundern, daß viele Schulen bei der Heranzüchtung erbitterter Rivalen oft mehr Erfolg haben als bei der Heranbildung einladender Gastgeber.

Heiler und Patienten

Schließlich müssen auch alle, die sich im Rahmen eines der vielen Fürsorgeberufe als Ärzte, Sozialarbeiter, Lebensberater, Seelsorger oder in vielen anderen Eigenschaften um ihre Mitmenschen bemühen wollen, immer daran denken, daß niemand, der auf ihre Dienste angewiesen ist, ihnen gehört. Die große Gefahr der zunehmenden Spezialisierung der einzelnen Heilberufe liegt darin, daß sie zu Formen der Machtausübung werden anstatt Dienste anzubieten. Man kann leicht die Beobachtung machen, daß viele Patienten – d. h., viele Menschen, die ein Leid drückt –, angesichts derer, die sie behandeln, Furcht und Schrecken empfinden. Ärzte, Psychiater, Psychologen, Priester, Seelsorger, Krankenpfleger und Fürsorger besitzen oft in den Augen derer, die sie brauchen, fast so etwas wie eine höhere, geheimnisvolle Macht. Viele Patienten nehmen es hin, daß diese Autoritäten Dinge sagen, die man nicht verstehen kann, Dinge tun, deren Richtigkeit man nicht anzweifeln darf, und oft ohne nähere Begründung Entscheidungen über ihr Leben treffen. Um die seltsame Mischung von Ehrfurcht und Angst im Gesichtsausdruck vieler Patienten festzustellen, braucht man nur einmal in die Wartezimmer der verschiedenen Ärzte hineinzuschauen. Oft sind die Armen, die doch ohnehin schon Leid genug erdulden, von diesen Gefühlen am meisten betroffen.

Als ich einen Sommer in Bolivien verbrachte, fiel mir auf, daß praktisch alle Taufen, denen ich beiwohnte, an toten Babies vollzogen wurden. Ich war entsetzt, als ich diese Entdeckung machte. Aber allmählich ging mir auf, daß viele Leute so weit entfernt vom nächsten Priester wohnten, daß sie vor dem weiten Fußweg zur Kirche – man brauchte oftmals über fünf Stunden – zurückschreckten und ihre Kinder nicht taufen ließen. Aber wenn das Baby an einer Krankheit, durch einen Unfall oder aus Nahrungsmangel starb, überkamen diese Menschen so starke Schuld- und Angstgefühle, daß sie nun bereit waren, ihre toten kleinen Kinder weite Wege zu tragen, um sie vor dem Begräbnis noch taufen zu lassen. Die Priester befanden sich nun in dem Dilemma zwischen ihrer Überzeugung, daß die Taufe für die Lebenden da ist und nicht für die Toten, und der Einsicht, daß eine Verweigerung der Taufe die Angst nur noch steigert und das Leid noch vertieft; da versuchten sie zu helfen, so gut sie konnten. Aber an all dem sieht man, wie im Lauf der Jahrhunderte die Priester in den Augen vieler ihrer Landsleute reservierte, furchterregende und einflußreiche Männer geworden sind, aber keine vertrauten Freunde und zuverlässigen Diener.

Sogar in unseren Ländern mit ihrem größeren technischen Fortschritt erlebt man selten, daß Pfarrhäuser Stätten sind, an denen man jederzeit mit allem kommen darf, was man auf dem Herzen hat. Es gibt Menschen, die vor Priestern und Seelsorgern Angst haben; andere empfinden ihnen gegenüber Feindseligkeit und Verbitterung; viele versprechen sich einfach nicht viel echte Hilfe von ihnen; und nur ganz wenige bringen es fertig, bei ihnen anzuklopfen, ohne Hemmungen zu verspüren. In den Augen und für das Empfinden vieler, die ein Leid drückt, sind kirchliche Gebäude eher Behördenburgen als Häuser der Gastfreundschaft. Das gilt auch für die Niederlassungen anderer Fürsorgeberufe. Wie viele sind bei ihrer Entlassung aus dem Krankenhaus von ihren leiblichen Beschwerden geheilt, aber durch die unpersönliche Behandlung, die sie erfahren haben, in ihren Gefühlen verletzt; wie viele kommen aus der Sprechstunde der Psychiater, Psychologen, Fürsorger oder Berater und sind von Mal zu Mal ungehaltener über die unverbindliche Haltung und das distanzierte Spezialistentum, das sie antreffen?

Aber es ist leicht, ja, sogar zu leicht, vorwurfsvoll mit dem Finger auf die Heilberufe zu zeigen. Oft merken die Ärzte selbst eher als alle anderen, wie schwer es ist, für ihre Patienten offen und zugänglich zu bleiben. In unserer Gesellschaft hat die technische Rationalisierung die zwischenmenschlichen Aspekte der Heilkunst in hohem Maße entpersönlicht, und die steigenden Anforderungen zwingen oft den Arzt, nicht zu herzlich zu werden, um zu engen Bindungen an seine Patienten vorzubeugen.

Aber trotzdem muß man als Heiler auch unter so schwierigen Umständen um eine Spiritualität bemüht bleiben, mit der sich Rücksichtslosigkeit im zwischenmenschlichen Bereich vermeiden und der Freiraum schaffen läßt, in dem Heiler und Patient sich als Weggefährten um einander bemühen können, deren menschliche Situation dieselbe Gebrochenheit aufweist.

Unter dem Gesichtspunkt der christlichen Spiritualität ist es wichtig, mit Nachdruck festzustellen, daß jeder Mensch zum Heilen berufen ist. Obgleich es viele Heilberufe gibt, für die man ein langes und schwieriges Studium benötigt, darf man das Heilen nie ausschließlich dem Spezialisten überlassen. Die Spezialisten können nämlich in der Ausübung ihres Berufes nur dann Menschen bleiben, wenn sie ihren Beruf als einen Dienst sehen, den sie nicht stellvertretend für das ganze Gottesvolk, sondern als seine Glieder ausüben. Wir sind samt und sonders Heiler, die sich bemühen können, Heil und Gesundheit anzubieten, und wir sind auch Patienten, die ständig Hilfe brauchen. Nur diese Einsicht kann die Mediziner davor bewahren, kalte Techniker zu werden, und die, die ihre Hilfe brauchen, vor dem Gefühl, man treibe nur sein Spiel mit ihnen.

Die Gefahr der Spezialisierung trifft daher nicht so sehr die Spezialisten als vielmehr die Nicht-Spezialisten, die dazu neigen, ihre eigenen menschlichen Fähigkeiten zu unterschätzen und ihre Patienten gleich an die Träger hoher Titel zu überweisen, ihr eigenes Können aber ungenutzt lassen. Wenn wir die Heilkunst aber als Platzschaffen für den Fremdling verstehen, ist es klar, daß alle Christen willens und fähig sein sollten, diese so notwendige Form der Gastfreundschaft zu üben.

Als ich einmal an einer medizinischen Fakultät Vorlesungen hielt, war ich fassungslos über die starke Nachfrage nach psychologischer Beratung. Selbst wenn es hauptamtliche Berater gäbe, wären sie so ausgelastet, daß sie wahrscheinlich bald um Hilfe oder um zusätzliche Planstellen bitten würden. Aber in den zwei Jahren, die ich bei den Studenten verbrachte und tätig war, kam mir immer mehr die Frage, ob die Studenten nicht ihrerseits ihre großen zwischenmenschlichen Talente vergrüben. Bei Unterhaltungen im Hörsaal, bei Parties und auch im Rahmen von Beratungen entdeckte ich nicht nur, sondern erlebte ich auch nach und nach Mitgefühl, Offenheit, echtes Interesse, Bereitschaft zum Zuhören und zum Reden und viele andere Talente, die in der Studentenschaft sonst nur selten zutage traten. Da ging mir plötzlich ein Licht auf: Viele klagten über Einsamkeit, Mangel an Gemeinschaft oder eine unpersönliche Atmosphäre und verlangten sehnlichst nach Freundschaft, Hilfe oder jemandem, dem sie sich anvertrauen könnten, aber nur wenige ließen ihre große Begabung zum Heilen erkennen und stellten sie ihren Kommilitonen zur Verfügung. Angst oder Mangel an Vertrauen auf ihre eigenen menschlichen Qualitäten führten viele dazu, ihre kostbarsten Talente zu vergraben.

Wir können oft viel mehr füreinander tun, als uns bewußt ist. Eines Tages stellte Dr. Karl Menninger, der berühmte Psychiater, einem Kurs von Psychiatrie-Assistenten die Frage, was bei der Behandlung von Geisteskranken am wichtigsten wäre. Einige sagten, die psychotherapeutische Beziehung zum Arzt. Einige sagten, die Erteilung von Ratschlägen für das künftige Verhalten. Andere sagten, die Verordnung von Medikamenten. Wieder andere sagten, der ständige Kontakt mit den Angehörigen nach der Entlassung aus der stationären Behandlung. Und es kamen noch andere Ansichten zur Sprache. Karl Menninger ließ keine dieser Antworten gelten. Seine Antwort war: „die Diagnose."

Die erste und wichtigste Aufgabe eines jeden Heilers ist das Stellen der richtigen Diagnose. Ohne eine genaue Diagnose hat die anschließende Behandlung wenig Zweck. Oder, um es besser auszudrücken, die Diagnose ist der Anfang der Behandlung. Für Karl Menninger, der hier zu einer Gruppe künftiger Psychiater sprach, hieß das offenbar, daß man die größte Sorgfalt auf die Erlernung der einschlägigen diagnostischen Fertigkeiten verwenden müsse.

Wenn wir aber das Wort „Diagnose" in seiner ganz ursprünglichen und tiefen Bedeutung nehmen als Durch-und-durch-Kennen (gnosis = Kennen, Wissen; dia =

durch und durch), entdecken wir, daß das, worauf es bei jeder Heilbehandlung vor allem anderen ankommt, das angelegentliche Bemühen sein muß, die Patienten durch und durch kennenzulernen mit all ihren Wonnen und Schmerzen, Freuden und Betrübnissen, allem Auf und Ab, Hoch und Tief, die ihr Leben geformt und geprägt und sie im Lauf der Jahre in ihre derzeitige Lage gebracht haben. Das ist gar nicht so einfach, da wir uns nicht nur unserem eigenen Leid, sondern auch dem anderer Menschen nur mit Widerstreben stellen. Ganz wie auch wir selbst uns gern auf Umwegen an unseren Bestimmungsort begeben, ziehen wir es auch vor, anderen unsere Empfehlungen, Ratschläge und Kuren anzubieten, ohne uns die Wunden, die der Heilung bedürfen, richtig angeschaut zu haben.

Aber gerade diese Bereitschaft, den anderen durch und durch kennenzulernen, ist die Voraussetzung dafür, daß wir uns seiner oder ihrer annehmen und zu echten Heilern werden können. Heilen bedeutet daher vor allem, einen freien, aber freundlichen Raum zu schaffen, in dem diejenigen, die mit ihrem Leid kommen, jemandem, der wirklich aufmerksam zuzuhören versteht, ihre Geschichte erzählen können. Leider sieht man in diesem Zuhören oft nur einen Kunstgriff. Wir sagen: „Er soll sich einmal aussprechen. Das wird ihm gut tun." Und wir sprechen von der „kathartischen" Wirkung des Zuhörens und möchten damit sagen, daß es schon reinigend wirkt, wenn man etwas „los wird" oder es „einmal offen ausspricht". Aber das Zuhören ist eine Kunst, die gelernt sein will, und kein Kunstgriff, den man wie einen Engländer an Muttern und Bolzen ansetzen kann. Es verlangt, daß man restlos und wirklich füreinander da ist. Es ist tatsächlich eine der höchsten Formen der Gastfreundschaft.

Warum ist es so heilsam, wenn man zuhört, um etwas ganz genau zu erfahren? Weil es Fremde mit dem Landstrich vertraut macht, durch den sie ziehen, und ihnen beim Auffinden des Weges hilft, den sie nehmen wollen.

Viele von uns haben das Gespür für die eigene Geschichte verloren und empfinden das Leben als eine launenhafte Verkettung von Ereignissen, die nicht in unserer Gewalt liegen. Wenn unsere Aufmerksamkeit völlig von uns abgelenkt und vom äußeren Geschehen absorbiert wird, werden wir uns selbst fremd, Menschen, die keine Geschichte mehr zu erzählen oder fortzusetzen haben.

Heilen heißt vor allem, Fremdlinge für ihre eigene Geschichte empfänglich und gefügig werden zu lassen. Die Therapeuten werden daher zu Schülern, die lernen, und die Patienten zu Lehrern, die unterrichten wollen. Wie Lehrer sich ihren Stoff am besten aneignen, wenn sie ihren Unterricht vorbereiten und ihre Gedanken für den Vortrag vor den Schülern zurechtlegen, so eignen Patienten sich ihre Geschichte am besten an, wenn sie sie einem Heiler, der sie hören will, erzählen. Heiler sind Gastgeber, die aufmerksam und geduldig dem Gehör schenken, was die Fremden in ihrem Leid erzählen. Patienten sind Gäste, die wieder zur Entdeckung ihrer selbst kommen, wenn sie demjenigen ihre Geschichte erzählen, der ihnen eine Bleibe bietet. Wenn sie ihre Geschichte erzählen, freunden sich die Fremden nicht nur mit ihrem Gastgeber an, sondern auch mit ihrer eigenen Vergangenheit.

Heilung besteht also in der Aufmerksamkeit und dem vollen Verständnis, die der Geschichte entgegengebracht werden, so daß die Fremden an den Augen ihres Gastgebers ihren ganz persönlichen Weg ablesen können, der sie in die Gegenwart führt und die Richtung andeutet, in die sie gehen sollen. Manchmal ist es schwer, die Geschichte mit all ihren Enttäuschungen und Frustrationen, ihren Abwegen und ihrem Stillstand zu erzählen, aber der Fremde hat nur diese Geschichte, weil sie die seine ist, und die Zukunft bietet keinen Hoffnungsschimmer, wenn die Vergangenheit uneingestanden bleibt, auf taube Ohren stößt oder falsch verstanden wird. Gar oft ist es die Furcht vor den vertuschten Episoden unserer Geschichte, die uns völlig lähmt.

Als Heiler müssen wir die Geschichte unserer Mitmenschen mit einem teilnahmsvollen Herzen aufnehmen, einem Herzen, das nicht richtet oder verdammt, sondern erkennt, wie die Geschichte des Fremden mit unserer eigenen zusammenhängt. Wir müssen die abschirmende Umfriedung bieten, in der man die oftmals schmerzliche Vergangenheit offenlegen und mit der Suche nach einem neuen Leben den Anfang machen kann.

Wenn wir heilen wollen, lautet für uns die wichtigste Frage nicht: „Was soll man da sagen oder tun?", sondern: „Wie kommt man zu der inneren Weite, die ausreicht zum Aufnehmen der Geschichte?" Heilen ist die bescheidene, aber auch sehr anstrengende Aufgabe, einen freundlichen Freiraum zu schaffen und anzubieten, in dem Fremde sich mit ihrem Schmerz und ihrem Leid furchtlos auseinandersetzen und das Vertrauen schöpfen können, das sie sogar mitten in ihrer Ratlosigkeit nach neuen Wegen Ausschau halten läßt.

Das heißt keineswegs, daß Heiler mit Universitätsstudium weniger wichtig sind. Im Gegenteil. Ein guter Gastgeber, ein Zuhörer, der aufpaßt, merkt zuerst, wann man den Facharzt braucht. Die vielen Spezialisten werden sogar denen sehr dankbar sein, die ihren Nächsten im Leid teilnahmsvoll Gehör geschenkt, die Notwendigkeit fachlicher Betreuung erkannt und sie zum Facharzt geschickt haben, bevor ihre Schmerzen schlimmer wurden. Anderseits kann es mitunter Wunden heilen, bevor man besondere Behandlung braucht, wenn alle Glieder der christlichen Gemeinde vom Geiste aufmerksamer Zuwendung getragen sind.

Gastfrei, aber kompromißlos

Als Eltern und Kinder, Lehrer und Schüler, Ärzte und Patienten bemühen wir uns alle auf unterschiedliche Weise umeinander. Aber bei allen drei Verhältnismodellen kann der Begriff der Gastfreundschaft uns zu der Erkenntnis verhelfen, daß wir nicht dazu berufen sind, einander zu besitzen, sondern einander zu dienen und, wo das möglich ist, den Raum dazu zu schaffen.

Bei der Erörterung der drei Verhältnismodelle unter dem Gesichtspunkt der Gastfreundschaft haben wir die Gastfreiheit besonders betont. Man muß ja den Fremden in einem freien und freundlichen Raum willkommen heißen, in dem er seine Gaben auspacken und unser Freund werden kann. Sich um andere zu kümmern, ohne ihnen gastfrei zu begegnen, schadet mehr als es nützt und führt leicht zu Manipulation und Knechtung, Knechtung in Gedanken, Worten und Werken. Ganz ehrliche Gastfreiheit bedeutet, daß wir den Neuankömmling zu seinen oder zu ihren Bedingungen, und nicht zu unseren eigenen, in unsere Welt bitten. Wenn wir sagen: „Sie können mein Gast sein, wenn Sie glauben, was ich glaube, wenn Sie denken wie ich und wenn Sie meinen Lebensstil übernehmen", machen wir die Liebe von Bedingungen abhängig oder fordern für sie einen Preis. Das führt schnell zur Ausbeutung und macht aus der Gastfreundschaft ein Geschäft. In unserer Welt, in der so viele Glaubensbekenntnisse, Weltanschauungen und Lebensformen immer mehr miteinander in Berührung kommen, ist es wichtiger denn je, einzusehen, daß es zum Wesen christlicher Spiritualität gehört, unsere Mitmenschen in unserer Welt willkommen zu heißen, ohne ihnen die Übernahme unseres Glaubensstandpunktes, unserer Weltanschauung oder unseres Gebarens als Bedingung für Liebe, Freundschaft und Betreuung aufzunötigen.

Man braucht nicht lange zu suchen, um auf diese unterschiedlichen Standpunkte und Haltungen zu stoßen. Oft sind uns unsere eigenen Kinder, Schüler oder Patienten ihrer Anschauung nach fremd geworden. Manchmal kommen wir uns schuldig vor, wenn wir nicht wenigstens den Versuch unternehmen, sie zu einem Sinneswandel zu bewegen oder auf unsere Seite zu bringen, wobei wir dann häufig feststellen müssen, daß wir nur Argwohn und Zorn heraufbeschwören und das friedliche Zusammenleben noch schwieriger gemacht haben.

Aber die Gastfreiheit ist nur die eine Seite der Gastfreundschaft. Die andere, ebenso wichtige, ist die Kompromißlosigkeit. Dem Fremdling gegenüber gastfrei zu sein, heißt nicht, daß wir zum neutralen Niemand werden müßten. Echte Gastfreiheit erfordert Festigkeit in der Begegnung; denn ein Raum kann nur dann einladend sein, wenn seine Grenzen klar gezogen sind. Und Grenzen sind Schranken, mit denen wir unsere eigene Position abstecken. Keine starren Schranken, aber doch Schranken. Die Kompromißlosigkeit ergibt sich aus einer klar umrissenen Präsenz, die durch Grenzen gesicherte Präsenz des Gastgebers dem Gast gegenüber, durch die er für ihn zum Orientierungspunkt und Richtmaß wird. Wir üben keine Gastfreundschaft, wenn wir unser Haus Fremden einfach räumen und sie schalten und walten lassen, wie sie wollen. Ein leeres Haus ist kein gastliches Haus. Es wird sogar schnell zum Spukhaus, das dem Fremden unheimlich wird. Statt von seiner Furcht zu lassen, wird der Gast nervös und schöpft Verdacht bei jedem Geräusch, das vom Speicher oder aus dem Keller kommt. Wenn wir echte Gastfreundschaft erweisen wollen, ist es uns nicht nur aufgegeben, Fremde willkommen zu heißen, sondern wir müssen ihnen auch unmißverständlich gegenübertreten. Wir dürfen uns nicht hinter einer neutralen Haltung verstecken, sondern müssen klar und deutlich unsere Vorstellungen, unsere Gesinnung und unseren Lebensstil zu erkennen geben. Ein echtes Gespräch kann zwischen einem Jemand und einem Niemand nicht zustande kommen. Wir können nur dann mit dem anderen Verbindung aufnehmen, wenn unsere eigenen Lebensentscheidungen, Haltungen und Ansichten die Grenzen bilden, die für Fremde eine Herausforderung sind, sich auf die eigene Position zu besinnen und sie kritisch zu prüfen.

Als Reaktion auf eine sehr aggressive, gerissene und oftmals entwürdigende Art der Glaubensverkündigung schrekken wir manchmal davor zurück, unseren eigenen Glauben zu bekennen, und büßen dabei unser Gespür für das Glaubenszeugnis ein. Mag es auch dann und wann besser scheinen, den eigenen Pflichten gewissenhafter nachzukommen als anderen das Evangelium zu verkünden, so gehört es doch zum Kern der christlichen Spiritualität, daß man sich mit der Frohbotschaft des anderen annimmt und ganz unbefangen von dem redet, was wir „gehört und ... mit unseren Augen gesehen, ... geschaut und mit unseren Händen angefaßt haben" (1 Joh 1, 1).

Gastfreiheit und Kompromißlosigkeit bilden als die beiden Seiten des christlichen Zeugnisses eine untrennbare Einheit. Sie müssen sorgsam gegeneinander ausgewogen bleiben. Ohne Kompromißlosigkeit führt die Gastfreiheit zu einer verwaschenen Neutralität, die niemanden nützt. Ohne Gastfreiheit führt die Kompromißlosigkeit zu einer anmaßenden Aggressivität, die allen schadet. Diese Ausgewogenheit zwischen Gastfreiheit und Kompromißlosigkeit kommt an verschiedenen Punkten zur Geltung, je nach unserer Lebensstellung. Aber in jeder Lebenslage müssen wir nicht nur gastfrei, sondern auch kompromißlos sein.

Hier ist vielleicht die nachdrückliche Feststellung angebracht, daß Kompromißlosigkeit mehr ist, als „seine Meinung sagen". Worte sind nur selten die wichtigste Form von Kompromißlosigkeit. Oft haben wir anderen schon viel mitgeteilt, bevor wir ein Wort von uns geben.

Es fesselt mich immer wieder, Neuankömmlinge dabei zu beobachten, wie sie sich in meinem Zimmer umschauen und sich zum Mobiliar, den Bildern und, vor allem, zu den Büchern auf den Regalen äußern. Dem einen fällt das Kreuz an der Wand auf, ein anderer macht eine Bemerkung zu einer Indianermaske; andere fragen, wie Freud, Marx und die Bibel sich in ein und demselben Regal miteinander vertragen können. Aber jeder versucht, sich in der Atmosphäre des Raumes zurechtzufinden, wie auch ich es tue, wenn ich zum ersten Mal das Umfeld eines anderen betrete.

Wenn wir eine Zeitlang gelebt haben, tragen die Wände

unseres Lebens die Spuren vieler Ereignisse – Weltereignisse, Familienereignisse, persönlicher Ereignisse –, wie auch die unserer Reaktionen. Diese Spuren sprechen ihre eigene Sprache und führen oft zu einem Zwiegespräch, das sich manchmal auf das Herz beschränkt, gelegentlich aber in Wort und Geste nach außen dringt. Das sind die Situationen, in denen wir einander suchen, und in denen Eltern, Kinder, Lehrer, Schüler, Heiler, Patienten und alle Menschen einander auf ihrem Lebensweg begegnen und miteinander zu reden und die Entdeckung zu machen beginnen, daß sie, einer wie der andere, einer größeren Gemeinschaft angehören und demselben Ziel entgegengehen.

Sechstes Kapitel
Die Gastfreundschaft und der Gastgeber

Im eigenen Heim geborgen

Die Bewegung von der Feindseligkeit zur Gastfreundschaft ist undenkbar, wenn sie innerlich nicht dauernd den Zusammenhang mit der Bewegung von der Einsamkeit zur Stille wahrt. Solange wir einsam sind, können wir keine Gastfreundschaft üben, da wir als einsame Menschen keinen Freiraum schaffen können. Unser Bedürfnis, das Verlangen unserer inneren Einsamkeit zu stillen, führt dazu, daß wir uns an andere anklammern anstatt Raum für sie zu schaffen.

Ich erinnere mich noch lebhaft an die Geschichte eines Studenten, den man für die Dauer seines Universitätsstudiums als Gast in eine Familie eingeladen hatte. Nach ein paar Wochen merkte er auf einmal, wie unfrei er sich vorkam, und allmählich wurde ihm klar, daß er immer mehr der nach Hilfe schreienden Einsamkeit seiner Gastgeber zum Opfer fiel. Die Ehegatten hatten sich einander entfremdet und bedienten sich ihres Gastes, um ihr großes Verlangen nach Zuneigung zu stillen. Die Gastgeber klammerten sich an den Fremden, der in ihr Haus gekommen war, weil sie hofften, er könne ihnen die Liebe und Intimität bieten, die sie einander nicht schenken konnten. So geriet der Student in ein wirres Netz ungestillter Bedürfnisse und Wünsche und spürte die Mauern der Einsamkeit, die ihn gefangenhielten. Zwischen zwei vereinsamten Partnern wählen zu müssen, empfand er als schmerzliche Spannung, und die grausame Frage zerriß ihn: Bist du für ihn oder für mich? Bist du auf ihrer Seite oder auf meiner? Er fühlte sich nicht mehr frei, zu kommen und zu gehen, wann er wollte; er stellte fest, wie ihm die Konzentration auf sein Studium nach und nach unmöglich wurde, während er anderseits nicht die Kraft besaß, die Hilfe auch nur anzubieten, die seine Gastgeber erheischten. Er besaß nicht einmal mehr die innere Freiheit, abzureisen.

Diese Geschichte zeigt, wie schwierig es ist, für einen Fremden Freiraum zu schaffen, wenn es in unserem eigenen Leben die Stille nicht gibt. Wenn wir einmal an die Stätten zurückdenken, an denen wir uns am wohlsten gefühlt haben, entdecken wir schnell, daß es dort war, wo unsere Gastgeber uns die kostbare Freiheit gewährt haben, ganz nach Belieben zu kommen und zu gehen, und keine persönlichen Ansprüche an uns gestellt haben. Nur in einem Freiraum kann sich Neuschöpfung ereignen und sich neues Leben zeigen. Der ist der wahre Gastgeber, der uns den Platz einräumt, an dem wir nichts zu befürchten brauchen und auf die Stimmen in unserem Innern lauschen und als Menschen unseren ganz persönlichen Lebensstil finden können. Aber um solch ein Gastgeber sein zu können, müssen wir zuallererst einmal im eigenen Heim geborgen sein.

Die Armut, eine gute Schule der Gastfreundschaft

In dem Maß, in dem wir aus unserer Einsamkeit Stille werden lassen, kann aus unserer Feindseligkeit Gastfreundschaft werden. Das ist natürlich keine Frage des zeitlichen Ablaufs. Man kann die verwickelten und kaum faßbaren Vorgänge des inneren Lebens nicht säuberlich in ihre Bestandteile zerlegen. Aber daran ist nicht zu rütteln, daß die Einsamkeit oft zu einem feindseligen Verhalten führt, und die Stille das Klima ist, in dem die Gastfreundschaft gedeiht. Wenn wir uns einsam und verlassen fühlen, brauchen wir so sehr das Wohlwollen und die Liebe anderer, daß wir für die vielen Signale aus unserer Umgebung überempfindlich werden und leicht jeden mit Feindseligkeit bedenken, der von uns anscheinend nichts wissen will. Sobald wir aber im eigenen Herzen die Mitte unseres Lebens entdeckt und unser Alleinsein nicht als Schicksal, sondern als Aufgabe bejaht haben, können wir anderen Freiheit einräumen. Sobald wir unser Verlangen nach totaler Erfüllung aufgegeben haben, können wir leer sein für andere. Sobald wir arm geworden sind, können wir gute Gastgeber sein. Das Paradox der Gastfreundschaft besteht tatsächlich darin, daß die Armut die Schule ist, die uns zu guten Gastgebern macht. Die Armut versetzt unser Herz in die Lage, unsere Schutzwehr abzubauen und unsere Feinde in Freunde zu verwandeln. Wir können im Fremden nur so lange einen Feind sehen, wie wir etwas zu verteidigen haben. Aber wenn wir sagen: „Bitte, treten Sie ein – mein Haus ist Ihr Haus, meine Freude ist Ihre Freude, mein Schmerz ist Ihr Schmerz, und mein Leben ist Ihr Leben," brauchen wir nichts mehr zu verteidigen, da wir nichts mehr zu verlieren, aber alles zu geben haben.

Wir halten die andere Wange hin, wenn wir unseren Feinden zeigen, daß sie nur so lange unsere Feinde sein können, wie sie annehmen, wir klammerten uns mit aller Macht an unseren, wie auch immer gearteten, Privatbesitz: an unser Wissen, unseren guten Ruf, unser Grundstück, unser Geld oder die vielen Dinge, mit denen wir uns umgeben haben. Aber wer will uns denn berauben, wenn wir ihm alles, was er uns wegnehmen will, als unsere Gabe gönnen? Wer kann uns belügen, wenn ihm nur mit der Wahrheit gut gedient ist? Wer möchte sich durch die Hintertür bei uns einschleichen, wenn die Haustür offensteht?

Die Armut ist die Schule, die uns zu guten Gastgebern macht. Diese überraschende Feststellung muß man näher erklären. Für den, der sich in Freiheit anderer annehmen will, sind zwei Arten von Armut besonders wichtig: die Geistesarmut und die Herzensarmut.

Die Geistesarmut

Jemand, der voller Ideen, Vorstellungen, Ansichten und Überzeugungen steckt, kann kein guter Gastgeber sein. Er hat in seinem Innneren keine Stätte zum Zuhören, es fehlt die Offenheit zur Entdeckung der Gabe des anderen. Unschwer kann man sehen, wie diejenigen, „die schon alles wissen", ein Gespräch abwürgen und einen Gedankenaustausch verhindern können. Als geistliche Haltung besteht die Geistesarmut in einer wachsenden Bereitschaft, das Geheimnis des Lebens in seiner Unbegreiflichkeit anzuerkennen. Je reifer wir werden, umso mehr werden wir uns der Neigung begeben können, die Fülle des Lebens zu fassen, einzufangen und zu begreifen, und umso mehr werden wir gewillt sein, dem Leben bei uns Zutritt zu gewähren.

Die Seelsorgsausbildung kann da gut als Beispiel dienen. Um uns auf den Dienst vorzubereiten, müssen wir uns auf ein ausgesprochenes Nicht-Wissen vorbereiten, eine docta ignorantia, eine Gelehrsamkeit, die nichts weiß. Menschen, die ganz darauf aus sind, die Welt zu erobern und zu beherrschen, können das nur sehr schwer akzeptieren. Wir möchten allesamt gebildet sein, so daß wir Herr der Lage sein und alles so laufen lassen können, wie wir es brauchen. Aber die Ausbildung zur Seelsorge ist eine Ausbildung, in der es nicht darum geht, sich Gottes zu bemächtigen, sondern darum, sich von Gott unterwerfen zu lassen.

Mir ist noch im Gedächtnis, was ein einunddreißigjähriger Methodistenprediger aus Südafrika von seiner Ausbildung erzählt hat. Als dieser Mann den Ruf zur Seelsorge verspürte und von der Kirche angenommen wurde, schickte man ihn ohne eigentliches Theologiestudium als Vikar in eine Pfarrei. Aber er war so von seinen Erkenntnissen und seiner Erfahrung überzeugt, und seine Begeisterung und sein Eifer waren so groß, daß es ihm nicht schwer fiel, lange Predigten und packende Vorträge zu halten. Aber dann wurde er nach zwei Jahren abberufen und zum Theologiestudium ins Seminar geschickt. Im Rückblick auf seine Seminarzeit sagte er: „Während dieser Jahre habe ich die Werke vieler Theologen, Philosophen und Romanschriftsteller gelesen. Während mir früher alles so klar und selbstverständlich zu sein schien, verlor ich jetzt meine Gewißheit, es stiegen viele Fragen in mir auf, und ich war meiner selbst und der Richtigkeit meiner Behauptungen längst nicht mehr so sicher." Seine Studienjahre waren gewissermaßen eher Jahre des Verlernens als des Lernens, und als er wieder in die Seelsorge ging, hatte er weniger zu sagen, aber auf viel mehr hinzuhören.

Diese Geschichte zeigt, daß gebildete Seelsorger keine Individuen sind, die einem ganz genau sagen können, wer Gott ist, wo das Gute und das Böse sind, und wie man aus dieser Welt in die nächste reist, sondern Menschen, deren ausgesprochenes Nicht-Wissen es ihnen erlaubt, frei auf die Stimme Gottes im Mund des Volkes, in den Tagesereignissen und in den Büchern zu achten, die die Lebenserfahrungen von Männern und Frauen anderer Länder und anderer Zeiten enthalten. Kurz gesagt, die Gelehrsamkeit, die nichts weiß, befähigt uns, mit großer Aufmerksamkeit von anderen und von dem Anderen das Wort entgegenzunehmen. Das ist die Geistesarmut. Sie setzt unerläßlich voraus, daß man sich konstant weigert, Gott mit einem Begriff, einer Theorie, einem Dokument oder einem Ereignis gleichzusetzen. So bewahrt sie Männer und Frauen davor, fanatische Sektierer oder Schwarmgeister zu werden, während sie dem beständigen Wachstum an Güte und Aufnahmebereitschaft dient.

Was für die Seelsorge gilt, gilt auch für andere Formen menschlichen Dienens. Wenn wir einen Blick auf den Alltag und die Arbeit von Psychiatern, Psychologen, Fürsorgern und Lebensberatern werfen, können wir feststellen, wie sehr ihre berufliche Tüchtigkeit im aufmerksamen Zuhören, mit Instrumenten oder ohne sie, und im dauernden Bemühen besteht, ihren Patienten nicht im Wege zu sein. Freiwillige Geistesarmut macht die Vertreter der Heilkunst empfänglich für das neue Wissen und die neuen Erkenntnisse, die ihnen diejenigen ständig vermitteln, die bei ihnen Hilfe suchen. Damit wird nicht die Wichtigkeit sehr konkreter und sichtbarer Hilfe bestritten oder die dringende Notwendigkeit neuer Strukturen zur Linderung von Hunger, Durst, Blöße oder Obdachlosigkeit von Millionen in der Welt. Im Gegenteil. Wenn wir uns bei der Betreuung der Armen von Aufnahmebereitschaft und Dankbarkeit leiten lassen, kann man unsere Hilfe annehmen, ohne sich beschämt zu fühlen. Viele Menschen, die sich leiblich, geistig oder seelisch in einer Notlage befinden, geben immer deutlicher zu verstehen, daß es besser ist, Hilfe abzulehnen und Selbstachtung zu wahren, als sie anzunehmen und dabei zum Bettler oder Sklaven erniedrigt zu werden.

Die Herzensarmut

Ein guter Gastgeber muß nicht nur dem Geiste nach, sondern auch im Herzen arm sein. Wenn unser Herz voller Vorurteile, Besorgnis und Eifersucht steckt, hat es kaum Platz für einen Fremden. In einem von Angst erfüllten Milieu ist es nicht leicht, das Herz für die ganze Skala der Begegnung mit Menschen offen zu halten. Echte Gastfreundschaft aber weist niemanden zurück, sondern ist für alle da und schafft den Raum für menschliche Begegnungen aller Art. Auch hier kann die Seelsorge als Beispiel dafür dienen, wie wichtig diese Art der Armut ist. Es gibt viele Menschen, die mit der Behauptung auftreten, sie hätten ein inneres Erlebnis gehabt, das ihnen den Weg zu Gott gewiesen habe. Häufig ist das Erlebnis so intensiv, daß solch ein Mensch nicht mehr zu der Einsicht fähig ist, daß sein oder ihr Weg nicht notwendigerweise der Weg schlechthin ist. Ebenso wie man Gott nicht mit einer ganz bestimmten Idee, Vorstellung, Meinung oder Überzeugung „fassen" oder „begreifen" kann, kann man ihn auch nicht mittels eines ganz bestimmten Gefühls oder einer Gemütsregung definieren. Man darf Gott nicht mit einem guten freund-nachbarlichen Verhältnis, süßen Empfindungen, Ekstasen, Verzükkungen oder dem Anfassen von Schlangen gleichsetzen. Gott besteht nicht einfach aus unseren guten Neigungen, unserem Eifer, unserer Großherzigkeit oder unserer Liebe. All diese Herzensregungen können Hinweis auf Gottes Anwesenheit sein, aber ihr Nichtvorhandensein ist kein Beweis für Gottes Abwesenheit. Gott ist nicht nur größer als unser Geist, er ist auch größer als unser Herz, und ebenso wie wir uns vor der Versuchung hüten müssen, Gott unseren kleinen Vorstellungen anzupassen, müssen wir uns auch davor hüten, ihn unseren kleinen Gefühlen anzupassen.

Nicht nur in der Seelsorge, sondern auch in allen anderen Berufen, die der Betreuung dienen, müssen wir uns immer vor Augen halten, daß ein aufgeblasenes Herz ebenso gefährlich ist wie ein aufgeblasener Geist. Ein aufgeblasenes Herz kann uns sehr unduldsam machen. Aber wenn wir bereit sind, darauf zu verzichten, andere am Maßstab unserer eigenen, begrenzten Erfahrungen zu messen, können wir zu der Erkenntnis kommen, daß das Leben größer ist als unser Leben, daß die Geschichte größer ist als unsere Geschichte, daß die Erfahrung größer ist als unsere Erfahrung und Gott größer als unser Gott. Das ist die Herzensarmut, die uns zu guten Gastgebern macht. In der Herzensarmut können wir die Erfahrung anderer als Bereicherung empfinden. Zwischen ihrer Geschichte und der unseren kann ein fruchtbarer Zusammenhang entstehen, ihr Leben kann dem unseren einen neuen Sinn verleihen, und ihr Gott kann sich mit dem Wort gegenseitiger Offenbarung an den unseren wenden.

Johann Baptist Metz beschreibt diese Haltung sehr treffend:

> Wir müssen uns vergessen können, zurücktreten, damit der andere in seiner Einmaligkeit bei uns wirklich ankomme. Wir müssen ihn seinlassen können, ihn freigeben in seine Eigenart, die uns oft aufscheucht und zur schmerzlichen Verwandlung ruft ... Oft halten wir den anderen nieder: wir lassen bei uns nur das ankommen, was durch den Filter unseres eigenen, längst vertrauten Daseins hindurchgeht, was „uns liegt"; und so kommt zumeist nicht eigentlich der andere bei uns an, das beglückende und rettende Geheimnis seines einmaligen Wesens, sondern immer nur wir selbst, und wir zahlen den Preis schmerzlich verzehrender Einsamkeit dafür, daß wir die Armut der Begegnung nicht gewagt haben, daß wir sie bloß zu einer neuen Gelegenheit verzweifelter Selbstbehauptung und Selbstanbetung gemacht haben. Was uns dabei

bleibt, ist ein Schatten unser selbst, das höllische Gespenst jenes Wesens, das die Fülle und den Glanz seines Daseins nur findet, wenn es sich demütig dem andern zu öffnen und um seinetwillen sich zu „verlieren" wagt (vgl. Mt 10,39)[21]. Herzensarmut ist gemeinschaftsbildend; denn das Geheimnis des Lebens erschließt sich nicht der Selbstgefälligkeit, sondern der schöpferischen Gegenseitigkeit.

Uns unserer Schwachheit rühmen

Zur Gastfreundschaft braucht man also die Armut, die Geistesarmut und die Herzensarmut. Jetzt können wir vielleicht eher verstehen, wie wichtig eine „Einübung" in die Gastfreundschaft ist. Es gibt viele Ausbildungsprogramme zur Vorbereitung auf dienende Berufe aller Art. Aber nur selten betrachten wir diese Programme unter dem Aspekt einer Einübung in die freiwillige Armut. Statt dessen bemühen wir uns um bessere Ausrüstung und höhere Geschicklichkeit. Wir möchten uns das „Berufswerkzeug" aneignen. Aber eine echte Ausbildung zum Dienen erfordert einen schwierigen und oft schmerzlichen Prozeß der Selbstentäußerung. Die Hauptschwierigkeit beim Dienen besteht darin, daß man Weg sein muß ohne „im Weg" zu stehen. Und wenn es überhaupt Werkzeuge, Kunstgriffe und Fertigkeiten gibt, die man sich aneignen muß, dann bestehen sie in erster Linie darin, den Acker zu pflügen, Unkraut zu jäten und Zweige zu stutzen, d. h. zu beseitigen, was echtes Wachstum und Entwicklung hemmt. In der Ausbildung zum Dienen geht es nicht darum, reich, sondern freiwillig arm zu werden; nicht um Selbsterfüllung, sondern um Selbstentäußerung; nicht um die Niederwerfung Gottes, sondern um die Kapitulation vor seiner Erlösermacht.

Das alles findet nur sehr schwer Anklang in der Welt von heute, die uns die ausschlaggebende Bedeutung von Macht und Einfluß predigt. Aber es ist wichtig, daß sich in dieser Welt noch ein paar Stimmen mit dem Ruf erheben, wir sollten uns, wenn überhaupt Grund zum Rühmen bestünde, unserer Schwachheit rühmen. Unsere Erfüllung besteht darin, Leere anzubieten; unser Nutzen im Nutzlos- und unsere Macht im Ohnmächtigwerden. Es ist doch eine entscheidende Aussage der christlichen Verkündigung, daß Gott sich uns nicht als den starken Anderen und den in seiner Allwissenheit, seiner Allmacht und seiner Allgegenwart Unnahbaren offenbart hat. Statt dessen ist er in Jesus Christus zu uns gekommen, der „nicht daran festhielt, wie Gott zu sein, sondern sich entäußerte ... und den Menschen gleich wurde; sein Leben war das eines Menschen; er erniedrigte sich und war gehorsam bis zum Tod, bis zum Tod am Kreuz" (Phil 2, 6–8). Gott selbst ist es, der uns zeigt, wohin unser geistliches Leben sich bewegt. Es ist keine Bewegung von der Schwachheit zur Macht, sondern eine Bewegung, bei der wir mehr und mehr unsere Furcht und unsere Abwehrhaltung ablegen und immer offener werden für den anderen und seine Welt, selbst um den Preis von Leid und Tod.

Während der Schritt von der Einsamkeit zur Stille uns dazu führt, uns unserem innersten Selbst zuzuwenden, führt der Schritt von der Feindseligkeit zur Gastfreundschaft dazu, uns anderen zuzuwenden. Den Ausdruck „Gastfreundschaft" haben wir nur gewählt, um das Wesen einer ausgereiften christlichen Beziehung zu unseren Mitmenschen einsichtiger zu machen. Worte wie „Raum schaffen", „Gastfreiheit" und „Kompromißlosigkeit", „Geistesarmut" und „Herzensarmut" sollten zeigen, daß die Spiritualität des Christen in der Alltagswirklichkeit nicht nur ihre Wurzeln hat, sondern sie auch im Vertrauen auf Gottes Gabe übersteigt. „Helfen", „dienen", „betreuen", „führen", „heilen": diese Worte sollten die Bemühung um den Nächsten zum Ausdruck bringen, die uns das Leben als eine Gabe erkennen läßt, die wir nicht besitzen, sondern mit andern teilen sollen.

Damit kommen wir schließlich zur wichtigsten und

schwierigsten Seite des geistlichen Lebens, zu unserer Beziehung zu ihm, der der Geber ist. Es war schon von Gott die Rede, sogar immer häufiger, als wir die Bewegung von der Einsamkeit zur Stille und von der Feindseligkeit zur Gastfreundschaft vollzogen haben. Dabei ging es aber hauptsächlich um die Frage: Welcher Weg führt zum innersten Selbst und zum Mitmenschen? Aber gibt es einen Weg zu Gott? Wenn man diese Frage mit Nein beantworten muß, bleiben Stille und Gastfreundschaft verschwommene Ideale, die wohl ein guter Gesprächsgegenstand, für den Alltag aber belanglos sind. Daher ist die Bewegung von der Illusion zum Gebet der wichtigste Vorgang im geistlichen Leben, der allem zugrunde liegt, was bisher gesagt worden ist.

Der Weg zu unserem Gott

Der dritte Schritt:
Von der Illusion zum Gebet

Siebtes Kapitel
Gebet und Sterblichkeit

Fast außer Reichweite

Obgleich die Einsamkeit und die Feindseligkeit im Licht unserer tagtäglichen Erfahrung verständlicher sind als das Wissen um das Illusorische an so vielen unserer Bestrebungen, ist ein echtes geistliches Leben nur möglich, wenn wir uns ständig bemühen, die Illusionen unseres Daseins aufzudecken. Um die Hilferufe unserer Einsamkeit in ein gesammeltes Stillschweigen umzuwandeln und eine Stätte der Geborgenheit zu schaffen, an der Fremde sich wohlfühlen können, müssen wir die Bereitschaft und den Mut aufbringen, uns weit über die Schranken unseres gefährdeten und endlichen Daseins hinaus nach unserem liebenden Gott auszustrecken, in dem alles Leben sicher ruht. Die wortlose Stille ist nur Totenstille, wenn sie uns nicht hellhörig einer neuen Stimme entgegenlauschen läßt, die sich weit jenseits allen menschlichen Geplappers erhebt. Die Gastfreundschaft führt nur zu dichtem Gedränge in der Wohnung, wenn niemand irgendwohin auf die Reise geht.

Stille und Gastfreundschaft können nur dann bleibende Frucht bringen, wenn sie in die Wirklichkeit einer größeren Breite, Höhe und Tiefe eingebettet sind, aus der sie ihre Lebenskraft empfangen. Diese Wirklichkeit ist bei der Behandlung der beiden ersten Schritte des geistlichen Lebens vorausgesetzt und hier und da auch schon berührt worden. Diese Schritte sind allerdings nur in dem Sinn „erste", als man sie schneller erkennen und bei sich selbst feststellen kann. Nicht etwa, weil sie wichtiger wären. Tatsächlich konnte man sie nur beschreiben und eingehend betrachten, weil sie ihre Wurzeln in dem Vorgang haben, der die

Grundvoraussetzung des geistlichen Lebens ist, im Schritt von der Illusion zum Gebet. Durch diesen Schritt begeben wir uns auf den Weg zu Gott, zu unserem Gott, dem Einen, der ewig wirklich und der Ursprung aller Wirklichkeit ist. Daher unterfängt und ermöglicht der Schritt von der Illusion zum Gebet die Schritte von der Einsamkeit zur Stille und von der Feindseligkeit zur Gastfreundschaft und führt uns zum Wesenskern des geistlichen Lebens.

Diese „erste und letzte" Bewegung ist für unser geistliches Leben von so entscheidender Bedeutung, daß man sie nur sehr schwer erreichen, in den Griff bekommen, fassen oder auch nur den Finger auf sie legen kann. Das ist nicht etwa so, weil dieser Schritt unbestimmt oder unwirklich wäre, sondern weil er so dicht an den Kern der Sache heranreicht, daß er kaum Abstand genug läßt, ihn in Worte zu fassen und verständlich zu machen. Vielleicht ist das auch der Grund dafür, daß die tiefsten Wirklichkeiten des Lebens am ehesten der Trivialität zum Opfer fallen.

Zeitungsinterviews mit Mönchen, die aus glühender Liebe zu Gott ihr Leben dem Gebet im Schweigen und gesammelter Stille gewidmet haben, laufen in der Regel auf dumme Berichte über Änderungen der Lebensordnung und anscheinend merkwürdige Gebräuche hinaus. Fragen nach dem Warum von Liebe, Ehe, Priestertum oder irgendeiner grundlegenden Lebensentscheidung führen gewöhnlich zu nichtssagenden Plattheiten, ziemlichem Gestotter und Achselzucken. Nicht, daß diese Fragen unwichtig wären, aber die Antworten sind zu tief und rühren zu dicht an unser Innerstes, als daß man sie in menschliche Worte fassen könnte.

Vielleicht können wir in dieser Hinsicht etwas von dem Seiltänzer Philippe Petit lernen! Die Polizei hatte ihn festgenommen, weil er über ein Seil geschritten war, das er und seine Freunde von einem der beiden Wolkenkratzer des World Trade Center in New York zum anderen hinübergeschossen hatte, und dann im City Hospital dem Psychiater vorgeführt. Als man ihn völlig normal und guter Dinge befand, stellte man ihm die Frage: „Aber warum ..., warum drängt es Sie nur, auf einem Drahtseil zwischen den höchsten Wolkenkratzern der Stadt zu tanzen und Ihr Leben zu riskieren?" Philippe Petit stutzte zuerst ein wenig bei der Frage und sagte dann: „Hm, ... wenn ich drei Orangen sehe, muß ich einfach jonglieren, und wenn ich zwei Wolkenkratzer sehe, muß ich auf dem Seil von einem zum andern laufen".[22]

Mit der Antwort ist alles gesagt. Was am selbstverständlichsten, am nächstliegenden ist, braucht keine weitere Erklärung. Wer fragt ein Kind, warum es Ball spielt; wer fragt einen Seiltänzer, warum er auf seinem Seil tanzt – und wer fragt einen Liebenden, warum er liebt?

Was uns persönlich am engsten betrifft, ist am schwersten auszudrücken und zu erklären. Das gilt nicht nur für Liebende, Künstler und Seiltänzer, das gilt auch für Beter. Ist das Gebet der Ausdruck einer ganz tiefen persönlichen Beziehung, so ist es auch das schwierigste Gesprächsthema und gerät leicht in Gefahr, trivial und platt behandelt zu werden. Ist es das menschlichste unter allem Tun des Menschen überhaupt, so sieht man es auch leicht als das überflüssigste und abergläubischste an.

Und doch muß für uns das Gebet Gesprächsgegenstand bleiben, ganz wie die Liebe, die Liebenden, die Kunst und die Künstler. Denn wenn wir nicht mit diesem innersten Kern unseres geistlichen Lebens, den wir Gebet nennen, in Kontakt bleiben, verlieren wir auch den Kontakt mit allem, was daraus erwächst. Wenn wir uns nicht in dieses innere Spannungsfeld begeben, in dem sich der Schritt von der Illusion zum Gebet vollzieht, verlieren unsere Stille und unsere Gastfreundschaft leicht ihre Tiefe. Sie sind dann nicht mehr von entscheidender Bedeutung für unser geistliches Leben, sondern werden frommer Zierrat einer wohlachtbaren Existenz.

Die Illusion der Unsterblichkeit

Das größte Hindernis für unser Vordringen in die Tiefendimension des Lebens, in der unser Beten vor sich geht, ist unsere bis in den äußersten Winkel reichende Unsterblichkeitsillusion. Zunächst hat man den Eindruck, es sei unwahrscheinlich oder einfach unzutreffend, daß wir solch eine Illusion hegten, da wir uns doch auf vielen Ebenen unserer Sterblichkeit durchaus bewußt sind. Wer meint schon, er sei unsterblich? Aber die beiden ersten Schritte unseres geistlichen Lebens haben uns schon gezeigt, daß die Dinge nicht ganz so einfach sind. Jedesmal, wenn wir wie verzweifelt nach einem anderen menschlichen Wesen suchen, das die Ketten unserer Einsamkeit sprengen kann, und jedesmal, wenn wir neue Schutzwälle aufführen, um unser Leben als unveräußerliches Eigentum abzusichern, sind wir dieser hartnäckigen Unsterblichkeitsillusion aufgesessen. Wenn wir einander und uns selbst auch immer wieder sagen, daß wir nicht ewig leben, und daß wir bald sterben werden, zeigen uns doch Tag für Tag unsere Taten, unsere Gedanken und unsere Sorgen, wie schwer es ist, das, was wir sagen, auch als bare Realität gelten zu lassen.

Kleine, anscheinend belanglose Vorfälle bringen uns immer wieder zum Bewußtsein, wie leicht wir uns und unsere Welt verewigen. Es genügt schon ein spitzes Wort, und schon fühlen wir uns betrübt und einsam. Es genügt schon ein Flüchtigkeitsfehler bei der Arbeit, und schon geraten wir in eine selbstzerstörerische Depression. Obwohl wir von unseren Eltern, Lehrern, Freunden und aus vielen Büchern religiösen wie profanen Inhalts gelernt haben, daß wir mehr wert sind, als die Welt uns zugesteht, messen wir doch immer wieder den Dingen, die wir besitzen, den Menschen, die wir kennen, den Plänen, die wir hegen, und den Erfolgen, die wir „sammeln", Ewigkeitswert bei. Es braucht wirklich nur einmal etwas ein wenig schief zu gehen, um unsere Unsterblichkeitsillusion aufzudecken und zu zeigen, wie sehr wir Opfer unserer Umwelt geworden sind, die uns einreden möchte, wir hätten die Dinge fest im Griff. Wenn wir so oft traurig, schweren Herzens oder ganz verzweifelt sind –, hängt das nicht eng damit zusammen, daß wir die Menschen, die wir kennen, die Gedanken, die man an uns heranträgt, und die Ereignisse, an denen wir beteiligt sind, viel zu ernst nehmen? Dieser Mangel an Distanz, der das Leben humorlos macht, kann eine zu Boden drückende Niedergeschlagenheit hervorrufen, die uns daran hindert, den Kopf über den Horizont unserer eigenen, begrenzten Existenz zu heben.

Sentimentalität und Brutalität

Es könnte dazu beitragen, unserer großen Illusion ein wenig näher zu kommen, wenn wir zwei ihrer deutlichsten Symptome am Beispiel demonstrieren: die Sentimentalität und die Brutalität. Anscheinend völlig verschiedene Verhaltensweisen, kann man sie unter dem Gesichtspunkt der Spiritualität doch beide als in der menschlichen Unsterblichkeitsillusion verankert auffassen.

Sentimentalität macht sich oft bemerkbar, wo enge Bindungen das Herz unerträglich schwer machen und die Menschen sich mit geradezu selbstmörderischem Ernst aneinander klammern. Wenn wir Unsterblichkeitserwartungen an unsere Mitmenschen knüpfen, kann die Trennung von ihnen oder auch schon die Aussicht auf sie unbändige Gefühlsausbrüche auslösen.

In Holland erschraken bei einem alljährlich stattfindenden Friedensmarsch mit 3000 Oberschülern und -schülerinnen, die drei Tage lang auf dem Marsch miteinander reden, die Anführer angesichts der wiederholten Sentimentalitätsausbrüche, die für das Miteinander der Marschierer bezeichnend waren. Nichts war diesen, normalerweise doch reservierten Holländern so wichtig wie das Erlebnis des Händchenhaltens, und die Abschiedsstunde sah einen Bahnhof voller Jungen und Mädchen, die einander schluchzend umschlungen hielten. Im Rückblick auf den Marsch stellten sich einige Teilnehmer sogar die Frage, wie sie nach solch einem Unzertrennlichkeitserleben überhaupt noch einmal glücklich sein könnten. Während sie sich von den frommen Worten und Gesten der Kirche, die den Marsch organisiert hatte, nicht angesprochen fühlten, führte ihr einmaliges Zusammengehörigkeitserleben zu mächtigen und erschreckenden Gefühlsausbrüchen.

Dieses Ereignis zeigt, wie die Sentimentalität sich als Folge enttäuschter Hoffnungen auf innige menschliche Beziehung einstellen kann. Diese innige Zuneigung kann zur Depression und zur Verzweiflung führen, wenn sie sich mit der Maske der Unsterblichkeit tarnt. Wenn wir nicht in der Lage sind, über die Grenzen menschlicher Gemeinsamkeit hinauszuschauen und unser Leben in Gott zu verankern, dem Ursprung aller innigen Gemeinsamkeit, fällt es schwer, die Illusion der Unsterblichkeit abzuschütteln und Gemeinsamkeit zu pflegen, ohne in einem See von Sentimentalität zu ertrinken.

Aber die Sentimentalität ist nur die eine Seite der Unsterblichkeitsillusion. Die Brutalität ist die andere. Es ist gar nicht so seltsam, daß man Sentimentalität und Brutalität oft bei ein und demselben Menschen vereint findet. Das Bild Hitlers, den ein kleines Kind zu Tränen rührt, steht noch vielen vor Augen, die Zeugen seiner erbarmungslosen Grausamkeit gewesen sind. Dieselbe Illusion, die in einem Fall zu Tränen führen kann, kann in einem anderen Fall zur Folterung führen. Die folgende Geschichte zeigt das mit allen Konsequenzen.

Im zweiten Weltkrieg wurde ein lutherischer Bischof als Gefangener in einem deutschen Konzentrationslager von einem SS-Offizier gefoltert, der ihm ein Geständnis abpressen wollte. Die beiden befanden sich in einem kleinen Raum einander gegenüber, und der eine setzte dem anderen mit immer schlimmeren Quälereien zu. Der Bischof konnte Schmerzen erstaunlich gut ertragen und reagierte nicht auf die Folter. Sein Schweigen aber brachte den Offizier so in Rage, daß er immer heftiger auf sein Opfer einschlug, bis er schließlich explodierte und sein Opfer anbrüllte: „Wissen Sie nicht, daß ich sie töten kann?" Der Bischof schaute seinem Folterer in die Augen und sagte ganz ruhig: „Ja, das weiß ich – tun Sie, was Sie vorhaben –, aber ich bin schon tot –." Da konnte der SS-Offizier den Arm nicht mehr erheben, und er hatte keine Gewalt mehr über sein Opfer. Es war, als wäre er gelähmt und nicht mehr in der Lage, ihn anzurühren. All seine Quälereien hatten auf der Annahme beruht, dieser Mann da würde sich an sein Leben klammern, weil es sein wertvollster Besitz sei, und würde gern bereit sein, es mit seinem Geständnis zu erkaufen. Da aber seinem Wüten der Grund entschwunden war, war die Folter lächerlich und zwecklos geworden.

Diese Geschichte läßt erkennen, daß nicht nur die Sentimentalität, sondern auch die Brutalität ein Symptom für die Illusion ist, unser Leben gehöre uns. Unsere menschlichen Beziehungen können schnell der Vernichtungswut anheimfallen, wenn wir unser Leben und das Leben anderer als Besitz behandeln, den es zu verteidigen oder zu erobern gilt, und nicht als Gabe, die uns geschenkt wird. Oft entdecken wir die Saat der Gewalt mitten in einer Intimbeziehung. Tatsächlich liegen Kuß und Biß, Streicheln und Schläge ins Gesicht, Hören und Aufschnappen, zärtliche und argwöhnische Blicke gefährlich nahe beieinander. Wenn die unterschwellige Unsterblichkeitsillusion in unseren Herzensbeziehungen die Oberhand gewinnt, braucht es nicht viel, um unser Verlangen nach Liebe in wollüstige Brutalität umschlagen zu lassen. Wenn unsere ungestillten Bedürfnisse uns dazu führen, von unseren Mitmenschen zu fordern, was sie nicht geben können, machen wir sie zu Götzen, uns selbst aber zu Teufeln. Wenn wir Übermenschliches verlangen, geraten wir in die Versuchung, uns untermenschlich aufzuführen. Wenn wir von der Illusion ausgehen, die ganze Welt sei unser Privatbesitz, den niemand uns entreißen könne, werden wir füreinander zur drohenden Gefahr und machen einen Herzensbund unmöglich.

Um zu einem herzlichen Vertrauensverhältnis zu gelangen, das wirklich auf Gewalt verzichtet, müssen wir unsere Unsterblichkeitsillusion entlarven, den Tod als unser Menschenlos voll und ganz bejahen und uns über die Grenzen unseres Daseins hinaus nach Gott ausstrecken, aus dessen inniger Liebe wir stammen.

Der Götzendienst unserer Träume

Illusionen sind aber stärker, als wir zugeben möchten. Obgleich wir, solange wir wach sind, sagen können, daß alles sterblich ist, daß wir nichts für immer behalten können, und obgleich wir sogar zu einem tiefen, inneren Verständnis für den kostbaren Wert des Lebens gelangen können, gaukeln uns unsere Träume bei Nacht und bei Tag immer noch Unsterblichkeitsbilder vor. Wenn wir uns tagsüber wie ein kleines Kind vorkommen, ist unser um seine Erwartungen betrogener Geist nur allzu bereit, uns in unseren Träumereien zu großmächtigen Helden aufzubauen: zu siegreichen Helden, von allen bewundert, die uns in wachen Augenblicken nicht ganz so ernst nehmen, oder zu tragischen Helden, die zu spät den Beifall derer finden, die für uns zu Lebzeiten nur Kritik übrig hatten. In unseren Träumen können wir die Züge des ersten Josef annehmen, der in Ägypten großmütig seinen Brüdern verziehen hat, oder die des zweiten, der behutsam sein Kind in diesem Land vor der Verfolgung in Sicherheit gebracht hat. In unseren Träumen können wir unserem Martyrium jede Menge Denkmäler errichten und unserem verletzten Ich Weihrauch streuen. Diese Bilder, mit denen wir häufig unsere ungestillten Wünsche kompensieren, erinnern uns daran, wie schnell wir ein Götzenbild durch ein anderes ersetzen. Rund um die Uhr Illusionen zu entlarven, ist schwerer als man meint.

Es wäre unklug, unsere Träume frontal anzugehen oder uns jetzt über die Bilder Sorge zu machen, die unverhofft nachts vor uns auftauchen. Die Götzen unserer Träume sind jedoch Mahner, die uns zu der demütigenden Erkenntnis führen wollen, daß noch ein weiter Weg vor uns liegt, bis wir uns unserem Gott stellen können, nicht dem Gott, der ein Werk unserer Hände oder unseres Geistes ist, sondern dem ungeschaffenen Gott, aus dessen liebevollen Händen wir hervorgegangen sind. Götzendienst, der Kult falscher Götter, ist eine viel größere Versuchung, als man annehmen möchte. Es erfordert große Treue und Beharrlichkeit, wenn wir nicht nur unser bewußtes, sondern auch unser unbewußtes Leben aus der Illusion zum Gebet gelangen lassen wollen.

Der heilige Basilius, ein Mönchsvater der Ostkirche aus dem 4. Jahrhundert, hat sehr deutlich herausgestellt, daß nicht einmal unsere Träume für das geistliche Leben belanglos sind. Als man ihm die Frage stellte: „Woher rühren diese unziemlichen nächtlichen Phantasiegebilde?", sagte er: „Sie haben ihren Ursprung in den ungeordneten Regungen der Seele, die tagsüber vorkommen. Aber wenn jemand sich mit den Satzungen Gottes beschäftigen und so seine Seele läutern und einzig auf das Gute und Gottgefällige bedacht sein wollte, so würde das auch seine Träume ausfüllen."[23]

Obgleich wir unsere illusionären Träume nicht direkt angehen können, sind wir doch dazu aufgerufen, Gott nicht nur im Wachen, sondern auch im Traum zu suchen. Geduldig, aber beharrlich, müssen wir allmählich unsere Unsterblichkeitsillusionen entlarven bis hin zum Zerreißen der dünnen Gespinste der enttäuschten Erwartungen unseres Herzens und unsere Arme in einem unaufhörlichen Gebet der hohen See und dem hohen Himmel entgegenrecken. Wenn wir die Illusion hinter uns lassen und ins Gebet eintreten, wechseln wir aus einem menschlichen Notquartier hinüber in das Haus Gottes. Das ist der Ort, an dem wir unsere Stille und auch unsere Gastfreundschaft durchhalten können.

Die schwierigen Fragen

Damit kommen wir zu schwierigen Fragen: Können wir Gott als unseren Gott zu erreichen suchen? Ist eine innige Gottesfreundschaft möglich? Können wir uns in Liebe mit ihm verbinden, der all unser Begreifen übersteigt? Ist der Schritt von der Illusion zum Gebet mehr als ein Schritt in ein Wolkenkuckucksheim?

Diese Fragen sind nicht so ganz neu. Sie waren schon da mit dem Augenblick, in dem man den ersten Entwurf zu einem Leitfaden des geistlichen Lebens gemacht hat. Unseren Personkern zu erreichen zu suchen, war nicht einfach ein Versuch, mehr von uns selbst in den Griff zu bekommen, die Vielschichtigkeit unseres Innenlebens genauer zu verstehen. Nein, es war der Versuch, einen Mittelpunkt zu erreichen, an dem sich eine neue Begegnung ereignen könnte, an dem wir uns über unser Ich hinaus nach ihm ausstrecken könnten, der in unserer Stille spricht. Fremde zu erreichen zu suchen, war nicht einfach ein Versuch, offene Arme für die Menschen zu haben, die in langen Reihen anstehen und offensichtlich Not leiden – sie brauchen dringend Nahrung, Kleidung und Betreuung aller Art –, sondern auch für die Verheißung, die sie ihrem Gastgeber als Gabe bringen. Alles zum Thema Stille und Gastfreundschaft Gesagte weist auf jemanden, dessen Höhe unsere Gedanken nicht erreichen, dessen Tiefe unser Herz nicht ausloten und dessen gewaltige Größe unsere Arme nicht umspannen können, auf jemanden, unter dessen Schwingen wir Zuflucht finden (Ps 91) und in dessen Liebe wir ruhen können, auf jemanden, den wir unseren Gott heißen.

Aber obgleich die Fragen, in denen es um Gott, unseren Gott, geht, nicht völlig neu sind, erheben sie sich jetzt unmittelbarer, unausweichlicher und drastischer. Irgendwo sind wir alle der Ansicht, daß die Stille und die Gastfreundschaft erstrebens- und erwägenswerte Güter sind. Sie besitzen offenbar menschlichen Wert, und kaum jemand wird bestreiten, daß sie zur Reife des Daseins gehören, ganz sicher, wenn sie im rechten Verhältnis zueinander stehen. Aber das Gebet? Die Behauptung, Gebet als liebendes Vertrautsein mit Gott sei der Boden, auf dem Stille und Gastfreundschaft wurzeln, ist eine Behauptung, die Verlegenheit auslösen kann. Viele werden sagen: „Hm, – so weit bin ich noch mitgekommen, aber das hier müssen Sie auf Ihre eigene Kappe nehmen." Und warum sollten sie anderer Meinung sein? Greifen wir nicht meistens dann zu dem Wort „Gebet", wenn wir spüren, daß wir menschlich am Ende sind? Ist das Wort „Gebet" nicht eher ein Wort, das Ohnmacht besagt, und nicht so sehr einen fruchtbaren Kontakt mit der Quelle allen Lebens?

Der Hinweis ist wichtig, daß diese Gefühle, Feststellungen, Fragen und das Unbehagen beim Gedanken an das Gebet sehr real und oft die Folge konkreter und schmerzlicher Ereignisse sind. Trotzdem gleicht ein geistliches Leben ohne Gebet einem Evangelium ohne Christus. Anstatt etwas beweisen oder verteidigen zu wollen, ist es vielleicht angebracht, all die von Zweifel und innerer Not erfüllten Fragen in die eine Frage zusammenzufassen: „Wenn das Gebet, als inniges Vertrauensverhältnis zu Gott gesehen, wirklich die Grundlage aller Verhältnisse – zu uns selbst wie auch zu anderen – bildet, wie können wir dann beten lernen und das Gebet wirklich als Angelpunkt unseres Daseins erfahren?" Wenn wir dieser Frage unsere ganze Aufmerksamkeit schenken, wird es möglich, die Bedeutung des Gebetes für unser eigenes Leben und für das Leben derer zu untersuchen, deren Bekanntschaft wir persönlich oder durch Erzählungen und Bücher gemacht haben.

Das Paradox des Gebetes

Das Paradox des Gebetes besteht darin, daß wir das Gebet erlernen müssen, während wir uns doch nur damit beschenken lassen können. Genau dieses Paradox liefert die

Erklärung dafür, daß das Gebet Gegenstand so vieler anscheinend widersprüchlicher Aussagen ist.

Alle großen Heiligen im Lauf der Geschichte und alle Lehrer des geistlichen Lebens, die diesen Namen verdienen, sagen, daß wir beten lernen müssen, da das Gebet sowohl unsere erste Pflicht wie auch das Höchste darstellt, wozu wir berufen sind. Ganze Bibliotheken hat man über die Frage, wie man beten soll, geschrieben. Viele Männer und Frauen haben versucht, die verschiedenen Formen und Ebenen ihrer beachtlichen Erfahrungen in Wörte zu fassen, und ihre Leser dazu angehalten, ihre Methoden zu übernehmen. Immer wieder erinnern sie uns an das Pauluswort: „Betet ohne Unterlaß!" (1 Thess 5, 17), und oft erteilen sie ausführliche Anweisungen, wie man zu einem vertrauten Gottesverhältnis kommt. Man kann sogar verschiedene „Schulen des Gebetes" feststellen und, was nicht überrascht, ausführliche Argumente für die eine oder andere Schule.

Solch eine Schule oder Tradition stellt der Hesychasmus (so genannt nach dem griechischen Wort „hesychía = Ruhe) dar. Theophan der Klausner, ein russischer Hesychast aus dem 19. Jahrhundert, bietet uns ein schönes Beispiel für eine Gebetsunterweisung, wenn er schreibt:

> Mach es dir zum Prinzip, immer beim Herrn zu sein, indem du deinen Geist in deinem Herzen gesammelt hältst, und laß deine Gedanken nicht umherschweifen; hol sie wieder zurück, sooft sie auf Abwege geraten, halte sie zu Hause bei dir im Schrein deines Herzens und laß dich vom Umgang mit dem Herrn beglücken[24].

Zweifellos halten Theophan und alle großen Meister des geistlichen Lebens mit ihm strenge Disziplin für unerläßlich, wenn man zu einem innigen Gottesverhältnis gelangen will. Für sie ist ein Beten, um das man sich nicht ständig und mit aller Macht bemüht, nicht der Rede wert. Einige geistliche Schriftsteller haben sogar ihr Bemühen um das Gebet so konkret und lebendig bis ins einzelne dargestellt, daß sie beim Leser oft den irrtümlichen Eindruck erwecken, man könne schon durch große Anstrengung und unerbittliche Ausdauer jede Ebene des Betens erreichen. Dieser Eindruck hat zu vielen Enttäuschungen geführt, da viele meinten, sie seien nach jahrelanger angestrengter „Gebetsarbeit" weiter von Gott entfernt als zuvor.

Aber dieselben Heiligen und Seelenführer, die von der harten Schule des Betens sprechen, erinnern uns auch immer wieder daran, daß das Gebet eine Gabe Gottes ist. Sie sagen, daß wir von uns aus eigentlich nicht beten können, sondern daß Gottes Geist es ist, der in uns betet. Der heilige Paulus hat das sehr deutlich zum Ausdruck gebracht: „Keiner kann sagen: Jesus ist der Herr!, wenn er nicht aus dem Heiligen Geist redet" (1 Kor 12,3). Wir können Gott nicht zwingen, mit uns eine Verbindung einzugehen. Gott kommt zu uns von sich aus, und keine Strenge, keine Leistung oder fromme Übung können ihn dazu bringen, zu uns zu kommen. Alle Mystiker betonen mit erstaunlicher Einhelligkeit, daß Gebet „Gnade" ist, d. h. eine unverdiente Gabe Gottes, auf die wir nur dankbar antworten können. Aber sie sagen dann auch sofort, daß diese kostbare Gabe für uns wirklich erreichbar ist. In Jesus Christus hat Gott sich aufs engste mit unserem Leben verbunden, so daß auch wir uns durch den Geist mit seinem Leben verbinden könnten. Das wollen die starken Worte sagen, die Jesus am Abend vor seinem Tod an seine Apostel gerichtet hat: „Doch ich sage euch die Wahrheit: Es ist gut für euch, daß ich fortgehe. Denn wenn ich nicht fortgehe, wird der Beistand (der Heilige Geist) nicht zu euch kommen; gehe ich aber, so werde ich ihn zu euch senden" (Joh 16,7). In Jesus ist Gott einer von uns geworden, um uns durch Jesus ganz in sein göttliches Leben hineinzunehmen. Jesus ist zu uns gekommen, um so zu werden wie wir, und hat uns wieder verlassen, um uns die Möglichkeit zu geben, zu werden wie er. Er hat uns den Hauch seines Geistes gegeben und ist uns dadurch nähergekommen als wir selbst. Dieser Hauch, dieser Atem Gottes ist es, der uns befähigt, Gott „Abba, Vater" zu nennen und in die geheimnisvolle göttliche Beziehung zwischen Vater und Sohn einzugehen. Im Geiste Jesu Christi beten heißt daher, am innersten Leben Gottes selbst teilhaben.

Thomas Merton schreibt:

Die Vereinigung des Christen mit Christus ... ist eine mystische Vereinigung, in der Christus selbst in mir zum Ursprung und zur Grundlage des Lebens wird. Christus selbst ... „atmet" göttlich in mir, indem er mir seinen Geist gibt[25].

Es gibt wahrscheinlich kein anderes Bild, das die innige Gemeinschaft mit Gott im Gebet so gut ausdrückt wie das Bild vom Atem Gottes. Wir sind wie Asthmatiker, die von ihrer Anfallsangst geheilt werden. Der Geist hat unsere Beklemmung (das lateinische Wort für Angst ist „anxietas" = Beklemmung) weggenommen und alles für uns neu gemacht. Wir erhalten einen neuen Atem, eine neue Freiheit, ein neues Leben. Dieses neue Leben ist Gottes eigenes heiliges Leben. Das Gebet ist daher Gottes Atmen in uns, durch das wir der verborgenen Tiefen des Innenlebens Gottes teilhaft und neu geboren werden.

Das Paradox des Gebetes besteht also darin, daß es ernstliche Anstrengung verlangt und doch nur als Gabe empfangen werden kann. Gott kann man nicht planen, organisieren oder manipulieren; aber ohne eine streng systematische Vorbereitung können wir ihn auch nicht empfangen. Dieses Paradox des Gebetes zwingt uns, über die Grenzen unserer sterblichen Existenz hinauszuschauen. In dem Maß, in dem es uns gelungen ist, den Bann unserer Unsterblichkeitsillusion zu brechen, und wir zur vollen Erkenntnis unserer sterblichen Gebrechlichkeit gelangt sind, können wir uns in Freiheit nach dem Schöpfer und Neuschöpfer des Lebens ausstrecken und seinen Gaben unseren Dank entgegenbringen.

Häufig sieht man Beten als Schwäche an, als eine Versorgungsmethode, deren man sich bedient, wenn wir uns nicht mehr selbst helfen können. Das trifft aber nur zu, wenn der Gott, zu dem wir beten, nach unserem eigenen Bild und Gleichnis geschaffen und auf unsere Bedürfnisse und Anliegen zugeschnitten ist. Wenn das Gebet uns aber ganz ohne Vorbehalt nach Gott greifen läßt, dann entreißt uns das Gebet dem Kreis, in dem wir uns um uns selber drehen, ermutigt es uns, vertrautes Gebiet zu verlassen, und spornt es uns zu dem Wagnis an, eine neue Welt zu betreten, die zu groß ist für die engen Grenzen unseres Geistes oder unseres Herzens. Daher ist das Gebet ein großes Abenteuer; denn der Gott, zu dem wir in ein neues Verhältnis treten, ist größer als wir und spottet all unserer Berechnungen und Voraussagen. Es ist schwer, den Schritt von der Illusion zum Gebet zu tun, da er uns von trügerischen Gewißheiten zu wahren Ungewißheiten, von einer einfachen Versorgungsmethode zum Risiko einer bedingungslosen Kapitulation und von den vielen „verläßlichen" Göttern zu dem Gott führt, dessen Liebe grenzenlos ist.

Gottes Ferne und Gottes Nähe

Gott befindet sich „jenseits", jenseits unseres Herzens und Geistes, jenseits unserer Gefühle und Gedanken, jenseits unserer Erwartungen und Wünsche und jenseits aller Ereignisse und Erfahrungen, die unser Leben ausmachen. Und doch ist er mitten darin. Hier berühren wir das Herzstück des Gebetes; denn hier zeigt sich, daß im Gebet der Unterschied zwischen Gottes Nähe und Gottes Ferne eigentlich kein Unterschied mehr ist. Im Gebet trennt man Gottes Nähe nie von seiner Ferne, und Gottes Ferne trennt man nie von seiner Nähe. Seine Nähe liegt so weit jenseits der Erfahrung menschlichen Miteinanders, daß man sie sehr wohl als Ferne empfinden kann. Seine Ferne empfindet man andersseits oft so tief, daß sie zu einem neuen Gefühl für seine Nähe führt. Das kommt ganz stark in Psalm 22, 2–6 zum Ausdruck:

> Mein Gott, mein Gott, warum hast du mich verlassen,
> bist fern meinem Schreien,
> den Worten meiner Klage?
> Mein Gott, ich rufe bei Tag,
> doch du gibst keine Antwort;
> ich rufe bei Nacht und finde doch keine Ruhe.
> Aber du bist heilig,
> du thronst über dem Lobpreis Israels.
> Dir haben unsere Väter vertraut,
> sie haben vertraut, und du hast sie gerettet.
> Zu dir riefen sie und wurden befreit,
> dir vertrauten sie und wurden nicht zuschanden.

Dieses Gebet ist nicht nur der Ausdruck dessen, was das Volk Israel erlebt hat, sondern auch der Gipfel der christlichen Erfahrung. Als Jesus am Kreuz diese Worte aussprach, berührten einander darin völlige Verlassenheit und völlige Ergebenheit. In jenem Augenblick der vollständigen Leere war alles erfüllt. In jener Stunde der Finsternis zeigte sich neues Licht. Was sich den Augenzeugen als Tod darstellte, war die Behauptung des Lebens. Wo Gottes Ferne ihren lautesten Ausdruck fand, hat sich die tiefste Offenbarung seiner Nähe ereignet.

Als Gott selbst in seinem Menschsein in unsere schmerzlichste Erfahrung der Gottesferne einging, kam er uns am nächsten. Das ist das Geheimnis, in das wir beim Beten eingehen. Der vertraute Umgang mit Gott wird während unseres Erdenlebens immer ein vertrauter Umgang bleiben, der alles menschliche Vertrautsein übersteigt und als treues Warten auf den empfunden wird, der gekommen ist, aber auch noch kommen soll. In ganz seltenen Augenblicken kann uns zwar mitten in unserer Stille oder mitten in dem Freiraum, den wir für andere schaffen, ein tiefes Gefühl der Nähe Gottes überkommen, doch weit öfter bleibt uns nur das schmerzliche Gefühl der Leere, und wir können Gott nur als den fernen Gott erfahren.

Die französische Schriftstellerin Simone Weil schreibt in ihren Aufzeichnungen: „Geduldig hoffend auszuharren, ist die Grundlage des geistlichen Lebens".[26] Mit diesen Worten bringt sie überzeugend zum Ausdruck, wie Ferne und Nähe nie voneinander getrennt sind, wenn wir uns im Gebet nach Gott ausstrecken. Das geistliche Leben ist zuallererst ein geduldiges Ausharren, d. h. ein Ausharren im Leid (dulden = leiden), während dessen das häufige Ausbleiben der Erfüllung uns an Gottes Ferne gemahnt. Aber es ist auch ein Ausharren in froher Erwartung, das uns mitten in unserem Schmerz die ersten Anzeichen der Ankunft Gottes erkennen läßt. Das Geheimnis der Gottesnähe kann man daher nur durch die tiefe Erfahrung seiner Ferne berühren. Mitten in unserer Sehnsucht nach dem fernen Gott entdecken wir seine Spuren und stellen fest, daß unser Verlangen, Gott zu lieben, aus der Liebe stammt, mit der er uns berührt hat. Im geduldigen Warten auf den Geliebten geht uns auf, wie sehr er unser Leben schon erfüllt hat. Ganz wie die Liebe einer Mutter zu ihrem Sohn noch tiefer werden kann, wenn er in weiter Ferne ist, ganz wie Kinder ihre Eltern erst richtig schätzen lernen können, wenn sie nicht mehr zu Hause sind, ganz wie Liebende einander während langer Trennungszeiten wiederentdecken können, so kann unser inniges Verhältnis zu Gott durch die läuternde Erfahrung seiner Ferne tiefer und reifer werden. Wenn wir unserer Sehnsucht Gehör schenken, hören wir Gott, der sie geschaffen hat. Wenn wir unsere Stille ganz in der Tiefe berühren, spüren wir, daß liebevolle Hände uns berührt haben. Wenn wir aufmerksam auf unser unendliches Liebesverlangen achten, wird uns immer deutlicher bewußt, daß wir nur lieben können, weil man uns zuerst geliebt hat, und daß wir nur deshalb unser Herz anbieten können, weil wir aus Gottes eigenem tiefsten Herzen stammen.

In unserer brutalen Zeit, in der die Vernichtung von Menschenleben so um sich greift und die offenen Wunden der Menschheit so deutlich sichtbar sind, ist es sehr schwer, die Gotteserfahrung einer läuternden Ferne hinzunehmen und unser Herz offen zu halten, um Gott in aller Ehrfurcht und Geduld den Weg zu bereiten. Wir sind versucht, nach Sofortlösungen zu greifen anstatt die Berechtigung der Fragen einmal zu überprüfen. Unsere Neigung, jedem Angebot Glauben zu schenken, das schnelle Heilung verspricht, ist so groß, daß es nicht überrascht, wenn allenthalben die Schilderungen innerer Erlebnisse wie Pilze aus dem Boden schießen und sich im Handel großer Nachfrage erfreuen. Viele Menschen strömen nur so zu Stätten und Personen, die ein intensives Gemeinschaftserlebnis, Läuterung der Gefühle durch gute Laune und Entzücken und Befreiung verheißen durch beseligende Ekstase. Bei unserem Bedürfnis nach Erfüllung um jeden Preis und unserer rastlosen Jagd nach intimer Gotteserfahrung sind wir nur zu sehr geneigt, uns die Ereignisse unseres geistlichen Lebens selbst zu basteln. In unserer ungeduldigen Zivilisation ist es wirklich sehr schwierig geworden, im Warten überhaupt noch das Heil zu entdecken.

Aber dennoch ... ist Gott, der das Heil bringt, kein Geschöpf von Menschenhand. Er ist größer als unsere psychologischen Unterscheidungen zwischen „schon" und „noch nicht", Ferne und Nähe, Aufbruch und Wiederkehr. Nur wenn wir geduldig warten und Ausschau halten, können wir uns allmählich von unseren Illusionen losreißen und mit dem Psalmisten beten:

> Gott, du mein Gott, dich suche ich,
> meine Seele dürstet nach dir.
> Nach dir schmachtet mein Leib
> wie dürres, lechzendes Land ohne Wasser.
> Darum halte ich Ausschau nach dir im Heiligtum,
> um deine Macht und Herrlichkeit zu sehen.
> Denn deine Huld ist besser als das Leben;
> darum preisen dich meine Lippen.
> Ich will dich rühmen mein Leben lang,

> in deinem Namen die Hände erheben.
> Wie an Fett und Mark wird satt meine Seele,
> mit jubelnden Lippen soll mein Mund dich preisen.
> Ich denke an dich auf nächtlichem Lager
> und sinne über dich nach, wenn ich wache.
> Ja, du wurdest meine Hilfe,
> jubeln kann ich im Schatten deiner Flügel.
> Meine Seele hängt an dir,
> deine rechte Hand hält mich fest (Ps 63, 2–9).

Vom Protest zum Gebet

Wenn wir unsere Unsterblichkeitsillusionen abzuschütteln imstande sind, können wir den zum Unendlichen hin offenen Raum schaffen und darin unsere Arme unserem Gott entgegenstrecken, der all unsere Erwartungen und Träume und all unser Verlangen übertrifft. Wahrscheinlich werden wir nie ganz frei von Illusionen sein, wie wir auch nie ganz frei von Gefühlen der Einsamkeit und der Feindseligkeit sein werden. Aber wenn wir unsere Illusionen als Illusionen erkennen, werden wir auch umrißhaft erkennen, was Gebet ist. Wir pendeln immer zwischen den beiden Polen der Illusion und des Gebetes. Es kommt, wenn wir so ganz in unserem Tagewerk aufgehen, vor, daß schon das Wort „Gebet" uns querkommt. Es kommt aber auch vor, daß Gebet leicht, selbstverständlich und fast gleichbedeutend mit „Leben" zu sein scheint. Aber gewöhnlich befinden wir uns irgendwo zwischen beiden Polen; wir beten und klammern uns dabei doch wenigstens mit einer Hand an unseren Lieblingsbesitz, ohne recht zu merken, wie illusorisch er ist.

Manchmal werden wir jedoch aus diesem Dämmerzustand unsanft wieder wachgerüttelt. Wenn Krieg, plötzliche Verarmung, Krankheit oder Tod uns in eine Krise stürzen und das Leben uns ganz sinnlos vorkommt, können wir nicht mehr neutral bleiben und müssen Stellung nehmen. Oft besteht unsere erste und offenkundigste Reaktion in einem Protest, der aus unserer Ratlosigkeit hervorbricht. Gerade in diesen entscheidenden Augenblicken unseres Lebens werden wir wieder an unsere Illusionen gemahnt und vor die Aufgabe gestellt, unseren Protest in Gebet zu verwandeln. Das ist eine sehr schwierige Aufgabe, aber eine Aufgabe, die uns nicht der Wirklichkeit entzieht, sondern uns ihr näher bringt.

Vor kurzem starb plötzlich nach einem schweren Sturz vom Fahrrad ein Student, der soeben sein langes Theologiestudium beendet hatte und seine erste Seelsorgsstelle antreten sollte. Alle, die ihn gut gekannt hatten, empfanden in ihrem Herzen ein starkes, zorniges Aufbegehren. Warum er, ein so guter Mensch, der für so viele soviel Gutes getan haben könnte? Warum gerade jetzt, da sein langes, teures Studium hätte Frucht bringen können? Warum so, so völlig aus blauem Himmel und so prosaisch? Eine Antwort auf all diese verständlichen Fragen gab es nicht. Nur ein starkes, zorniges Aufbegehren schien den Menschen als Antwort zu bleiben.

Aber solch ein Protest bleibt auf der Linie der Illusion, wir wüßten, worum es im Leben geht, wir seien seine Herren und bestimmten seine Werte wie auch seine Ziele. Das ist durchaus nicht so. Vielmehr sind wir aufgerufen, unser Aufbegehren gegen die Sinnlosigkeit des menschlichen Daseins in ein Gebet zu verwandeln, das uns über die Grenzen unserer Existenz hinweg zu ihm emporhebt, der voll Liebe und Erbarmen ohne Grenzen unser Leben in seinen Händen und im Herzen trägt. Es wäre weise, wenn wir uns bei dem Versuch, diesem Anruf nachzukommen, die Worte des Psalmisten zu eigen machen wollten:

Ihr Mächtigen, wie lange noch schmäht ihr meine Ehre,
warum liebt ihr den Schein und sinnt auf Lügen?
Erkennt doch: Wunderbar handelt der Herr an den Frommen;
der Herr erhört mich, wenn ich zu ihm rufe (Ps 4, 3 f).

Achtes Kapitel
Das Herzensgebet

Die Suche nach der rechten Weise

Wie man auf mancherlei Weise gastfreundlich sein kann, so kann man auch auf mancherlei Weise beten. Wenn uns ernstlich um das Gebet zu tun ist, und es in unseren Augen nicht mehr nur eins von vielen Dingen ist, die die Menschen im Leben treiben, sondern vielmehr die Grundhaltung der Offenheit, aus der das ganze Leben neue Kraft empfangen kann, werden wir uns früher oder später die Frage stellen: „Wie soll ich beten, was ist das Gebet meines Herzens?" Wie Künstler den Stil suchen, der ihnen am meisten entspricht, so suchen auch Beter das Gebet ihres Herzens. Was im Leben am tiefsten und uns daher auch am teuersten ist, muß man gebührend schützen und auch entsprechend zum Ausdruck bringen. Es überrascht daher nicht, daß man das Gebet oft mit genau vorgeschriebenen Gebärden und Worten, mit bis ins einzelne geregelten Feiern und reichem Zeremoniell ausstattet.

Ein Besuch in einem Trappistenkloster kann nützlich sein, wenn wir wissen wollen, wie Menschen, die sich für ein einzig dem Gebet gewidmetes Leben freigemacht haben, sich einer sehr strengen Ordnung unterwerfen. Ein Trappist folgt sein Leben lang, Tag und Nacht, gehorsam der Regel des heiligen Benedikt, der Heiligen Regel, deren Autorität der Abt, der geistliche Vater des Klosters, mit äußerster Umsicht und Diskretion wahrt und auslegt. Die Heilige Regel ist für das Gebetsleben eines Trappisten wie eine Goldfassung für einen Edelstein. Die Heilige Regel macht deutlich, wie schön Gebet wirklich ist, und bietet die Gelegenheit, ganz darin aufzugehen. Mangelnde Achtung vor der Regel ist gleichbedeutend mit mangelnder Achtung vor dem Gebet. Der

Mönch, der sein ganzes Leben, ganz gleich was er tut, zu einem einzigen Gebet machen will, weiß, daß das nur im Rahmen einer ganz konkreten Tagesordnung möglich ist, die ihn bei der Verwirklichung seiner Absicht unterstützt. So stellen wir denn fest, daß in einem Trappistenkloster die Eucharistiefeier, das Chorgebet, die private Betrachtung, das Studium, die Handarbeit, die Mahlzeiten und der Schlaf durch eine Ordnung ganz genau geregelt werden, die man gewissenhaft einhält. Wer solch ein Leben, wenn auch nur für ein paar Tage, einmal mitmacht, kann das große Geheimnis des Gebetes erspüren, das sich in dem Rhythmus verbirgt wie auch offenbart, der den kontemplativen Tag regelt.

Dieser kleine Ausflug zu den Trappisten soll als Beispiel dafür dienen, daß niemand, der wirklich ein Gebetsleben führen will, diesen Wunsch ohne eine sehr konkrete Methode durchhalten und einigermaßen verwirklichen kann. Vielleicht ist es notwendig, daß man oft die Richtung wechselt und im Laufe des Lebens neue Methoden ausprobiert, aber ganz ohne eine Methode kommt man nicht zum Ziel.

Um die persönliche Frage: „Was ist das Gebet meines Herzens?", beantworten zu können, müssen wir zunächst einmal wissen, wie man zu diesem ganz persönlichen Gebet gelangt. Wo sollen wir suchen, was sollen wir tun, zu wem sollen wir gehen, um festzustellen, wie wir als die Menschen, die wir sind – mit unserer persönlichen Geschichte, unserem persönlichen Milieu, unserem persönlichen Charakter, unseren persönlichen Erkenntnissen und unserer persönlichen Handlungsfreiheit – zur Aufnahme enger Beziehungen zu Gott berufen sind? Die Frage nach dem Gebet unseres Herzens ist tatsächlich die Frage nach unserer allerpersönlichsten Berufung.

Worte, Schweigen und Anleitung

Es sieht so aus, als könnte man ein paar Richtlinien aufstellen. Beim aufmerksamen Studium der Lebensbeschreibungen von Menschen, für die das Gebet wirklich das „Eine

Notwendige" war, entdeckt man, daß man sich immer drei Dinge zur „Regel" gemacht hat: die betrachtende Lektüre des Gotteswortes, das schweigende Hinhören auf Gottes Stimme und den vertrauensvollen Gehorsam gegenüber einem Seelenführer. Es ist sehr schwer und praktisch unmöglich, ohne die Bibel, ohne Schweigezeiten und jemanden, dessen Leitung wir uns anvertrauen, unseren besonderen Weg zu Gott zu finden.

An erster Stelle müssen wir unsere ganze Aufmerksamkeit dem Gotteswort zuwenden, wie es in der Heiligen Schrift aufgezeichnet ist. Der heilige Augustinus hatte sein Bekehrungserlebnis, als er einer Kinderstimme folgte, die sagte: „Tolle, lege – nimm, und lies!"[27] Als er zur Bibel griff und die Seite zu lesen begann, bei der er sie aufgeschlagen hatte, fühlte er sich von den Worten, die er las, persönlich unmittelbar angesprochen.

Zur Heiligen Schrift zu greifen und sie zu lesen, ist das Erste, was wir tun müssen, wenn wir uns dem Ruf Gottes öffnen wollen. Die Schriftlesung ist nicht so leicht, wie man meint, da wir in unserer gebildeten Welt dazu neigen, alles und jedes, was wir lesen, zu analysieren und zur Debatte zu stellen. Aber das Gotteswort sollte uns in erster Linie zur Kontemplation und Meditation anregen. Statt die Worte zu sezieren, sollten wir sie in unserem Herzen wie Maria „zusammenbringen" (Lk 2, 19); statt uns zu fragen, ob wir einverstanden sind oder nicht, sollten wir uns fragen, welche Worte unmittelbar an uns gerichtet sind und mit unserer ganz persönlichen Geschichte in direktem Zusammenhang stehen. Statt zu überlegen, ob man die Worte wohl zum Gegenstand eines interessanten Gesprächs oder eines Referats machen könnte, sollten wir bereit sein, sie bis in die verborgensten Winkel unseres Herzens dringen zu lassen, sogar dorthin, wohin noch nie ein Wort Zugang gefunden hat. Dann, und nur dann, kann das Wort Frucht bringen als Aussaat auf gutem Boden. Nur dann können wir wirklich „hören und verstehen" (Mt 13,23).

Sodann brauchen wir einfach eine Zeit der Stille in Gottes Gegenwart. Wenn wir auch all unsere Zeit zu Gottes Zeit machen wollen, so wird uns das nie gelingen, wenn wir nicht eine Minute, eine Stunde, einen Morgen, einen Tag, eine Woche, einen Monat oder sonst einen Zeitabschnitt ausdrücklich für Gott, und nur für ihn, reservieren. Dazu muß man sich sehr zusammennehmen und auch etwas wagen, da wir immer etwas Dringenderes zu erledigen zu haben scheinen und „nur dazusitzen" und „nichts zu tun" auf uns oft eher störend als wohltuend wirkt. Aber daran führt kein Weg vorbei. Uns unnütz und still vor unserem Gott zu befinden, gehört zum innersten Wesen jeglichen Betens. Anfangs vernehmen wir oft das turbulente Lärmen in unserem eigenen Inneren lauter als die Stimme Gottes. Manchmal ist das kaum auszuhalten. Aber ganz, ganz allmählich entdecken wir dann, daß die Zeit der Stille uns ruhig werden und uns unser selbst und Gottes tiefer innewerden läßt. Dann beginnen wir sehr bald diese Augenblicke zu vermissen, wenn man sie uns nimmt, und ehe man sich's recht versieht, ist in uns etwas in Bewegung geraten, das uns immer tiefer ins Schweigen und dichter an den ruhenden Punkt führt, an dem Gott zu uns spricht.

Kontemplative Schriftlesung und Schweigezeiten in Gottes Gegenwart gehören eng zusammen. Gottes Wort zieht uns ins Schweigen; das Schweigen macht uns hellhörig für Gottes Wort. Gottes Wort bahnt sich den Weg durch das Dickicht menschlicher Geschwätzigkeit bis hin zur stillen Mitte unseres Herzens; das Schweigen erschließt in uns den Raum, in dem das Wort vernehmlich wird. Ohne die geistliche Lesung des Wortes verliert das Schweigen seine Resonanz, und ohne das Schweigen verliert das Wort seine belebende Kraft. Das Wort führt ins Schweigen, und das Schweigen führt zum Wort. Das Wort wird im Schweigen geboren, und das Schweigen ist die tiefste Wirkung des Wortes.

Aber das Wort wie das Schweigen bedürfen der Weisung.

Wie können wir wissen, daß wir uns nichts vormachen, daß wir uns nicht die Worte herausklauben, die sich am besten mit unseren Leidenschaften vertragen, daß das, was wir hören, nicht einfach die Stimme unserer Einbildungskraft ist? Schon viele haben die Heilige Schrift zitiert, und viele haben im Schweigen Stimmen vernommen und Erscheinungen gehabt, aber nur wenige haben den Weg zu Gott gefunden. Wer kann Richter in eigener Sache sein? Wer kann entscheiden, ob seine Gefühle und Erkenntnisse ihn in die rechte Richtung führen? Unser Gott ist größer als unser Herz und unser Geist, und wir sind zu leicht versucht, das Sehnen unseres Herzens und das Sinnen unseres Geistes zum Willen Gottes zu erheben. Daher brauchen wir einen Führer, einen Weiser, einen Berater, der uns hilft, zwischen der Stimme Gottes und all den anderen Stimmen zu unterscheiden, die aus unserem eigenen Durcheinander oder von dunklen Mächten stammen, auf die wir absolut keinen Einfluß haben. Wir brauchen einen Menschen, der uns Mut macht, wenn wir alles hinwerfen, alles vergessen und einfach verzweifelt weglaufen möchten. Wir brauchen einen Menschen, der uns warnt, wenn wir uns ziellos überstürzen oder stolz nebulösen Vorstellungen nachjagen. Wir brauchen einen Menschen, der uns sagen kann, wann wir lesen und wann wir schweigen sollen, welche Worte wir bedenken und was wir tun sollen, wenn das Schweigen sehr beängstigend wird und wenig Frieden bringt.

Wenn man einen Seelenführer ins Gespräch bringt, lautet die erste und fast spontane Reaktion: „Seelenführer gibt es doch kaum!" Das stimmt vielleicht, aber wenn es keine Seelenführer gibt, liegt das wenigstens zum Teil daran, daß wir selbst nicht so ermutigend auf unsere Mitmenschen wirken, daß sie unsere Seelenführer werden möchten. Wenn es keine Schüler gäbe, die ständig auf der Suche nach guten Lehrern sind, gäbe es keine guten Lehrer. Das gilt auch von den Seelenführern. Es gibt viele Männer und Frauen mit einem tiefen Gespür für die Dinge des geistlichen Lebens, deren Gaben ungenützt bleiben, weil wir sie nicht darum angehen. Viele würden sogar um unseretwillen weise und heilig werden, wenn wir sie einlüden, uns bei der Suche nach dem Gebet unseres Herzens zu helfen. Ein Seelenführer muß nicht unbedingt klüger oder erfahrener sein als wir selbst. Es kommt darauf an, daß er oder sie auf unsere Einladung eingeht, uns Gott näherzubringen, und sich mit uns in die Heilige Schrift und in das Schweigen begibt, wo Gott zu uns beiden spricht. Wenn wir wirklich ein Leben des Gebetes führen wollen und uns ernstlich fragen, was wohl das Gebet unseres Herzens sein könnte, werden wir auch in der Lage sein, die Art von Führung, die wir brauchen, zu benennen, und feststellen, daß schon jemand da ist und auf unsere Bitte wartet. Oft werden wir die Entdeckung machen, daß diejenigen, die wir um ihre Hilfe bitten, sich sogar durch ihre Hilfeleistung beschenkt sehen und mit uns dem Gebet entgegenwachsen.

So sind die Bibel, das Schweigen und ein Seelenführer drei wichtige Wegweiser auf unserer Suche nach unserem ganz persönlichen Zugang zu einem innigen Gottesverhältnis. Wenn wir uns dauernd in die Heilige Schrift versenken, uns Zeit nehmen, schweigend vor unserem Gott zu verweilen, und bereit sind, unsere Erfahrungen mit dem Wort und mit dem Schweigen einem Seelenführer zu eröffnen, können wir uns davor bewahren, wieder in Illusionen zu verfallen, und den Weg bahnen, der zum Gebet unseres Herzens führt.

Die Weisheit der Geschichte

Obgleich sozusagen alle Christen, die mit treuer Beharrlichkeit ihren Gott zu erreichen suchen, irgendwann im Leben nach einem Menschen Ausschau halten, der sie führen könnte, gibt es geistliche Führung nicht nur im Gegenüber von Mensch zu Mensch. Die geistliche Weisheit vieler Christen, die im Laufe der Geschichte ihr Leben dem Gebet gewidmet haben, ist noch erhalten und lebendig in den verschiedenen Traditionen, Lebensstilen oder Richtungen des geistlichen Lebens, die man heute noch in der Christenheit beobachten kann. Unsere ersten und einflußreichsten Führer sind sogar oft die Gebets- und Andachtsformen und die Ausdrucksweisen, die beim Reden über Gott in unserem jeweiligen Milieu allgemein üblich sind. Jedes geistliche Milieu setzt seine Akzente anders. Hier legt man Wert auf das Schweigen, dort auf das Studium der Heiligen Schrift; hier ist die persönliche Betrachtung die Hauptsache, dort der gemeinsame Gottesdienst; hier ist die Armut der gemeinsame Nenner, der alle verbindet, dort der Gehorsam; hier empfiehlt man die großen Erlebnisse der Mystiker als Weg zur Vollkommenheit, dort den kleinen Weg des ganz normalen Alltags. Wie der Akzent gesetzt wird, hängt zum großen Teil von der Entstehungszeit einer neuen Spiritualität ab, von der Persönlichkeit des Mannes oder der Frau, deren Geist sie hauptsächlich geprägt hat oder prägt, und von den besonderen Bedürfnissen, denen sie entgegenkommt.

Daß diese Richtungen der Spiritualität in den meisten Fällen mit den Namen großer Persönlichkeiten der Vergangenheit verbunden sind, die deutlich im Lichte der Geschichte stehen, erleichtert es uns, sie bei der Suche nach unserem ganz persönlichen Weg wirklich zu Führern zu nehmen. Benedikt, Franziskus, Dominikus, Ignatius von Loyola, Theresia von Avila, Jakob Böhme, Franz von Sales, George Fox, John Wesley, Henry Martyn, John Henry Newman, Sören Kierkegaard, Charles de Foucauld, Dag Hammarskjöld, Martin Luther King jr., Thomas Merton und viele, viele andere bieten uns durch ihr Leben und das Leben ihrer Jünger und treuen Schüler das Koordinatenkreuz und den Orientierungspunkt für unsere Suche nach dem Gebet unseres Herzens.

Ich weiß noch, wie ich eines Tages einen sehr scheuen, etwas schüchternen Mann kennenlernte. Obgleich er hochintelligent war, schien es, als sei die Welt für ihn einfach zu groß. Wenn man ihm nahelegte, doch etwas Außerordentliches oder Besonderes zu vollbringen, bekam er es mit der Angst zu tun. Für ihn war der kleine Weg, die kleinen Vorkommnisse des Alltags gewissenhaft zu leben, der Weg des Gebetes. Als er die kleine heilige Theresia von Lisieux, die ihm Seelenführerin war, erwähnte, leuchteten seine Augen, und er strahlte vor Freude. Aber sein temperamentvoller Nachbar brauchte das Beispiel des Wüstenvaters Antonius oder Bernhards von Clairvaux und anderer gewaltiger Asketen als Orientierung bei seiner Suche nach einem wirklich geistlichen Leben.

Ohne solch mitreißende Führer ist es sehr schwer, treu und beharrlich eine eigene Form des geistlichen Lebens anzustreben. Es ist eine schwierige Suche, bei der man oft ganz allein ist, und man braucht zum Durchhalten beständig neue Erkenntnisse, Unterstützung und Trost. Die wirklich großen Heiligen in der Geschichte fordern nicht zur Nachahmung auf. Ihr Weg war einmalig und ist nicht wiederholbar. Aber ihre Lebensbeschreibungen sind eine Einladung an uns und eine gastlich offene Tür, durch die wir selbst zur Suche schreiten können. Einige entlassen uns mit einem Gefühl des Unbehagens; andere irritieren uns sogar, aber unter den vielen großen Gestalten des geistlichen Lebens in der Geschichte finden wir vielleicht einige oder auch nur eine oder zwei, die die Sprache unseres Herzens sprechen und uns Mut machen. Das sind unsere Führer. Ihnen geht es nicht um Nachahmung, sondern darum, uns zu helfen, unser Leben ebenso glaubhaft zu leben, wie sie selbst es gelebt haben. Wenn wir solche Führer gefunden haben, so haben wir allen Grund, dankbar zu sein, und noch mehr Grund, aufmerksam auf das zu achten, was sie uns zu sagen haben.

Der Weg eines Pilgers

Unter den vielen Formen des geistlichen Lebens, Gebetsweisen und Methoden der Gottsuche gibt es eine, die relativ unbekannt, aber für das geistliche Klima unserer Tage von besonderer Bedeutung ist. Das ist der Hesychasmus, eine der ältesten Schulen des geistlichen Lebens der Ostkirche, auf die man in letzter Zeit auch im Westen wieder aufmerksam geworden ist durch die Veröffentlichung der „Aufrichtigen Erzählungen eines russischen Pilgers"[28]. Statt verschiedene Formen des geistlichen Lebens kurz zu beschreiben, scheint es wichtiger zu sein, eine einzige Form etwas ausführlicher zu behandeln: die Spiritualität der Hesychasten. Das ist nicht nur wichtig, weil der Hesychasmus für vieles, was schon gesagt worden ist, als Beispiel dienen kann, sondern auch weil seine Aussagen erstaunlich modern klingen.

Während wir alle aufgerufen sind, sorgfältig und beharrlich nach unserem ganz persönlichen Herzensgebet zu suchen, das heißt, nach dem Gebet, das wie kein anderes unser Gebet ist und unsere ganz besondere Form der Hinwendung zu Gott darstellt, macht der Hesychasmus das Herzensgebet zu seinem Hauptanliegen, gibt ihm einen sehr konkreten Inhalt und bietet ganz genaue Anleitungen zu seiner Verrichtung.

Was ist nun der Hesychasmus? Der Hesychasmus – nach dem griechischen Wort „hesychía = Ruhe" benannt – ist eine Richtung des geistlichen Lebens, deren Anfänge ins fünfte Jahrhundert zurückreichen. Sie wurde in den Klöstern am Berg Sinai und später auf dem Athos gepflegt, erwies sich bei der geistlichen Erneuerung im Rußland des 19. Jahrhunderts als sehr lebendig und wird allmählich auch im Westen als eine der bedeutendsten „Schulen" des Gebetes entdeckt. Das Gebet, in dem die hesychastische Überlieferung am tiefsten zum Ausdruck kommt, ist das Jesusgebet. Es besteht aus den schlichten Worten: „Herr Jesus

Christus, erbarme dich meiner!" Vom Jesusgebet sagt Timothy Ware:

> ... diese paar Worte waren für viele Orthodoxe jahrhundertelang der Grundstock ihres geistlichen Lebens, und einzig und allein durch dieses Gebet sind sie in die tiefsten Geheimnisse der christlichen Lehre eingedrungen[29].

Wahrscheinlich gibt es keine einfachere, aber auch keine lebendigere Einführung in das reiche Gedankengut des Hesychasmus und das Jesusgebet als die erstaunliche Geschichte eines namenlosen russischen Pilgers, der in seinem riesigen Land umherzog und zu seiner immer größeren Verwunderung und Beseligung feststellte, wie großartig sich das Jesusgebet auswirkte. In den „Aufrichtigen Erzählungen eines russischen Pilgers" ist seine Geschichte höchst wahrscheinlich von einem russischen Mönch aufgezeichnet worden, den er auf seiner Wanderung getroffen hat.

Vor ein paar Jahren habe ich mit zwei engen Freunden drei Tage Exerzitien gemacht. Die meiste Zeit haben wir schweigend verbracht, aber nach Tisch haben wir einander die Geschichte des Pilgers vorgelesen. Zu unserer eigenen Überraschung übte die schöne und anziehende geistliche Lesung einen tiefen Einfluß auf uns aus und hat uns einen neuen und sehr einfachen Weg erschlossen, mitten in unserem so ruhelosen und hektischen Leben zu beten. Wenn wir von jenen Tagen sprechen, sind sie für uns immer noch „die Tage beim Pilger".

In den „Aufrichtigen Erzählungen eines russischen Pilgers" berichtet ein russischer Bauer, wie er von Stadt zu Stadt, von Kirche zu Kirche und von Mönch zu Mönch zieht, um ausfindig zu machen, wie man ohne Unterlaß beten könne (vgl. 1 Thess 5,17). Nachdem er vergebens viele Predigten gehört und viele Menschen befragt hatte, findet er einen heiligen Starez (Mönch), der ihm das Jesusgebet beibringt.

Zunächst liest ihm der Starez folgende Worte Symeons, des Neuen Theologen, vor:

Setz dich still und einsam hin, neige den Kopf, schließ die Augen; atme recht leicht, blicke mit deiner Einbildung in dein Herz, führe den Geist, das heißt das Denken, aus dem Kopf ins Herz. Beim Atmen sprich, leise die Lippen bewegend oder nur im Geiste: „Herr Jesus Christus, erbarme dich meiner." Gib dir Mühe, alle fremden Gedanken zu vertreiben. Sei nur still und habe Geduld und wiederhole diese Beschäftigung recht häufig[30].

Nachdem er seinem Besucher das vorgelesen hatte, gibt der Starez ihm die Anweisung, das Jesusgebet dreitausendmal täglich zu sprechen, dann sechstausendmal, dann zwölftausendmal und schließlich, sooft er wolle. Der Pilger ist ganz glücklich, einen Meister gefunden zu haben, und folgt gewissenhaft seinen Unterweisungen. Er sagt:

Unter seiner Leitung verbrachte ich den ganzen Sommer unablässig im mündlichen Jesusgebet und war sehr ruhig. Des öfteren träumte ich davon, daß ich das Gebet verrichtete; geschah es aber am Tage, daß ich irgend jemanden traf, so erschienen mir alle ohne Ausnahme so lieb und nahe, als wären sie meine Verwandten ... Ich dachte an nichts anderes als an das Gebet, welchem auch mein Verstand sich zuzuwenden begann, während ich im Herzen ganz von selbst zeitweise eine Wärme und ein angenehmes Gefühl verspürte[31].

Nach dem Tod seines heiligen Starez zieht der Bauer mit seinem Gebet von Stadt zu Stadt. Das Gebet hat ihm wieder Kraft gegeben, mit allen Widrigkeiten des Pilgerlebens fertigzuwerden, und verwandelt alle Schmerzen in Freude:

Mitunter gehe ich meine siebzig Werst am Tage, manchmal auch mehr, und fühle gar nicht, daß ich gehe; ich fühle aber nur, daß ich das Gebet verrichte. Fährt mir eisige Kälte durch die Glieder, so beginne ich das Gebet angespannter herzusagen und bin bald vollkommen erwärmt. Martert mich der Hunger, so rufe ich den Namen Jesu Christi häufiger an und vergesse, daß ich essen wollte. Bin ich krank oder fühle ich ein Reißen im Rücken und in den Beinen, so beginne ich auf das Gebet hinzuhorchen und spüre den Schmerz nicht mehr. Wenn mich jemand beleidigt, so denke ich nur daran, wie süß das Jesusgebet ist; sogleich ist die Kränkung und aller Zorn geschwunden, und ich habe alles vergessen[32].

Der Pilger gibt sich allerdings keinen Illusionen hin. Er ist sich bewußt, daß sein Gebet trotz dieser Vorgänge noch nicht im Vollsinn zum Herzensgebet geworden ist. Der Starez hatte ihm gesagt, all diese sinnenhaften Erlebnisse seien „natürlich und künstlich, von der Gewohnheit erzeugt"[33]. Für das Herzensgebet, sagt er, „warte ich der Stunde des göttlichen Willens". Nach vielen vergeblichen Bemühungen um Arbeit und eine Bleibe faßt er den Entschluß, zum Grab des heiligen Innozenz von Irkutsk in Sibirien zu ziehen.

Ich war nämlich der Meinung, daß ich stiller durch die sibirischen Wälder und Steppen würde pilgern können, es mir folglich auch bequemer fallen müßte, mich mit dem Gebet und mit dem Lesen des Buches (der Philokalie, Anm. d. Übs.) zu beschäftigen. So zog ich denn meines Weges und verrichtete unablässig das mündliche Gebet[34].

Auf diesem Weg geschieht es dann, daß der Pilger zum ersten Mal das Herzensgebet erlebt. In sehr lebendigen, schlichten und unumwundenen Worten erzählt er uns, wie es dazu kam, und wie es ihn in die innigste Beziehung zu Jesus brachte.

Nach nicht gar zu langer Zeit fühlte ich, daß das Gebet ganz von selbst ins Herz überzugehen begann, das heißt, das Herz fing an beim gewöhnlichen Schlagen, gleichsam innerlich die Gebetsworte mit jedem Schlag auszusprechen ... Ich hörte auf, das Gebet mit den Lippen zu sprechen; zudem war es so, als wenn ich auch mit den Augen nach innen schaute; ... dann fühlte ich einen feinen Schmerz im Herzen, im Geiste aber eine solche Liebe zu Jesus Christus, daß es schien, ich wäre ihm, wenn ich ihn irgendwo getroffen hätte, gleich zu Füßen gefallen und hätte sie nicht aus meinen Händen gelassen, hätte sie geküßt und ihm unter Tränen gedankt, daß er mir mit seinem Namen in seiner Gnade und Liebe, mir, seinem unwürdigen und sündigen Geschöpf, einen solchen Trost gewährte. Alsdann begann ich eine wohltuende Erwärmung im Herzen zu spüren, und diese Wärme erstreckte sich auch über die ganze Brust[35].

Das Herzensgebet erfüllt den Pilger mit unermeßlicher Freude und läßt ihn auf unsägliche Weise Gottes Gegenwart spüren. Wohin er auch geht und mit wem er auch von nun an spricht, unwiderstehlich drängt es ihn, von Gott zu sprechen, der in ihm wohnt. Obgleich er nie versucht, jemanden zu bekehren oder zu einem anderen Wandel anzuhalten, sondern nur auf Schweigen und Stille bedacht ist, so stellt er doch fest, daß die Menschen, denen er begegnet, sich von ihm und seinen Worten im Herzen angesprochen fühlen und Gott wieder in ihrem Leben entdecken. So findet sich der Pilger, der durch sein Sündenbekenntnis und seine unaufhörliche Bitte um Erbarmen seinen Abstand Gott gegenüber erkennt, auf seinem Weg durch die Welt in inniger Gemeinschaft mit ihm und läßt andere daran teilnehmen.

Den Geist im Herzen

Wenn wir nicht über die entzückende Geschichte des russischen Bauern hinausgehen wollten und uns nur in den Zauber ihrer Romantik des 19. Jahrhunderts verliebt haben, würde uns das wohl nicht weiter führen als Franny und Zooey in J. D. Salingers Roman, nämlich in geistige Verwirrung[36].

Die Geschichte des Pilgers ist jedoch nur ein Aufwallen an der Oberfläche des tiefen mystischen Stroms des russischen Hesychasmus im 19. Jahrhundert. Wie tief und mächtig dieser Strom war, zeigt Igumen Charitons Buch „The Art of Prayer – Die Kunst des Betens". Dieses Buch, das zu den Lieblingsbüchern Thomas Mertons zählte, ist eine ostkirchliche Anthologie zum Herzensgebet, die Chariton von Valamo zusammengestellt hat und Texte aus den Werken russischer geistlicher Schriftsteller des 19. Jahrhunderts enthält, besonders Bischof Theophans, des Klausners (1815–1894). Es ist eine reiche Dokumentation zum mystischen Gebet und zeigt uns eine der bewährtesten Methoden, uns aus der tiefsten Tiefe unseres Herzens nach Gott auszustrecken. Dort hören wir Theophan, den Klausner, zu einem der vielen, die seine Führung suchten, sagen:

> Nur eins möchte ich dir einschärfen: Man muß mit dem Geist in das Herz hinuntersteigen und dort vor dem Angesicht des Herrn stehen, der immer in dir zugegen ist und alles sieht. Das Gebet faßt fest Fuß, wenn im Herzen ein kleines Feuer aufflammt. Achte darauf, daß du dieses Feuer nicht erstickst; und es wird sich so festsetzen, daß das Gebet sich wiederholt: dann hast du in dir einen murmelnd dahinströmenden Bach[37].

Mit unserem Geist im Herzen in Gottes Gegenwart zu stehen, das ist das Wesen des Herzensgebetes. Theophan drückt sehr gerafft aus, daß das Herzensgebet uns als Person ganz in eins sammelt und uns rückhaltlos, den Geist im Herzen, in die hoheitsvolle und liebende Gegenwart Gottes stellt.

Wenn Beten nur eine kluge Verstandesübung wäre, würden wir uns bald in nutz- und belanglosen inneren Debatten mit Gott verfangen. Wenn hingegen Beten nur Herzenssache wäre, könnten wir bald zu der Ansicht gelangen, gutes Beten bestünde in guten Gefühlen. Aber das Herzensgebet im eigentlichen Sinne eint Geist und Herz im Liebesbund mit Gott.

Das ist das Gebet, von dem der Pilger spricht, der so auf seine eigene, bezaubernd naive Art die tiefe Weisheit der geistlichen Meister seiner Zeit zum Ausdruck bringt. In der Wendung: „Herr Jesus Christus, erbarme dich meiner", haben wir eine starke Kurzformel jeglichen Betens vor uns. Sie wendet sich an Jesus, den Sohn Gottes, der für uns gelebt hat, gestorben und auferweckt worden ist; sie verkündet ihn als den Christus, den Gesalbten, den Messias, auf den wir gewartet haben; sie nennt ihn unseren Herrn, den Herrn unseres ganzen Seins mit Leib, Geist, Seele, Denken, Fühlen und Handeln; und sie bekundet unsere tiefste Beziehung zu ihm, weil sie ein Bekenntnis unserer Sündhaftigkeit und eine demütige Bitte um seine Vergebung, seine Gnade, seine Barmherzigkeit, seine Liebe und seine Herzensgüte ist[38]

Das Herzensgebet kann sehr wohl eine Anleitung sein für den Christen von heute, der seinen eigenen Weg zu einem innigen Gottesverhältnis sucht. Mehr denn je fühlen wir uns wie Fremdlinge auf dem Zug durch eine in schneller Veränderung begriffene Welt. Aber wir möchten nicht aus dieser Welt fliehen. Wir möchten ihr vielmehr ganz angehören, ohne in ihren aufgewühlten Fluten zu versinken. Wir möchten wach und offen sein für alles, was ringsum geschieht, ohne durch innere Zerrissenheit gelähmt zu werden. Wir möchten mit offenen Augen durch dieses Tal der Tränen ziehen, ohne die Verbindung mit ihm zu verlieren, der uns in eine neue Heimat ruft. Wir möchten ein Herz für alle haben, denen wir auf unserem Zug begegnen, und um ein gastliches Obdach bitten und dabei doch fest in der innigen Liebe unseres Gottes verwurzelt bleiben.

Das Herzensgebet bietet uns dazu eine Gelegenheit. Es gleicht wirklich einem murmelnden Bach, der dauernd unter den vielen Wellen des Alltags weiterströmt und uns die Möglichkeit erschließt, in der Welt zu leben, ohne von ihr zu sein, und uns mitten aus unserer Stille zu unserem Gott aufzumachen.

Geborgen, und doch noch unterwegs

Die allererste Voraussetzung für das Herzensgebet besteht darin, daß wir nur noch an Gott denken. Das heißt, wir müssen alle Zerstreuungen, all unsere Anliegen, Sorgen und Befürchtungen von uns weisen und den Geist einzig mit Gott füllen. Das Jesusgebet, wie auch alle anderen Gebetsarten, soll dazu dienen, unseren Geist vorsichtig von allem zu leeren, was nicht Gott ist, und ihn ganz ihm, und nur ihm allein, einzuräumen.

Aber das ist noch nicht alles. Unser Beten wird zum Herzensgebet, wenn wir den freigewordenen Raum, in den unser von Gott gefüllter Geist hinabsteigen und verschwinden kann, wo wir den Unterschied zwischen Denken und Fühlen, Wissen und Erfahren, Ideen und Emotionen hinter uns lassen und wo Gott unser Gastgeber werden kann, der Mitte unseres inneren Menschen zugeordnet haben. „Das Reich Gottes ist in euch", hat Jesus gesagt (Lk 17, 21). Das Herzensgebet nimmt diese Worte ernst. Wenn wir alle Gedanken aus unserem Geist und alle Erfahrungen aus unserem Herzen entfernen, können wir mitten in der Tiefe unseres Wesens Gott, der in uns wohnen will, eine Stätte bereiten. Dann können wir mit dem heiligen Paulus sagen: „Nicht mehr ich lebe, sondern Christus lebt in mir" (Gal 2, 20). Dann können wir Luther beipflichten, der gesagt hat, die Gnade sei die Erfahrung, von der Erfahrung befreit zu werden. Und dann können wir gewahr werden, daß nicht wir es sind, die beten, sondern der Geist Gottes, der in uns betet.

Einer der frühen Väter hat gesagt: „Wenn Diebe sich einem Hause nähern, um sich heranzuschleichen und einzubrechen, und jemanden im Innern sprechen hören, wagen sie nicht, einzusteigen; so ist es auch, wenn unsere Feinde sich in unsere Seele zu stehlen und sie in Besitz zu nehmen suchen: sie umschleichen sie, aber trauen sich nicht hinein, wenn sie hören, wie dieses ... Gebet aus ihr hervorströmt".[39]

Wenn unser Herz Gott gehört, können die Welt und ihre Mächte es uns nicht stehlen. Wenn Gott in unserem Herzen die Herrschaft angetreten hat, ist unsere anfängliche Entfremdung überwunden, und wir können mit dem Psalmisten beten:

> Denn du hast mein Inneres geschaffen,
> mich gewoben im Schoß meiner Mutter.
> Ich danke dir, daß du mich so wunderbar gestaltet hast.
> Ich weiß: Staunenswert sind deine Werke (Ps 139, 13 f).

Wenn Gott unser Hirte, unsere Zuflucht, unsere Burg geworden ist, können wir uns mitten in einer zerbrochenen Welt zu ihm aufmachen und uns schon zu Hause fühlen, während wir noch unterwegs sind. Wenn Gott in uns wohnt, können wir ein Zwiegespräch ohne Worte mit ihm aufnehmen, während wir noch dem Tag entgegenharren, an dem er uns in die Wohnung führt, in der er einen Platz für uns bereitet hat (Joh 14, 2). Dann können wir warten, während wir doch schon da sind, und bitten, während wir doch schon empfangen haben. Dann können wir einander wirklich mit dem Pauluswort trösten:

Sorgt euch um nichts, sondern bringt in jeder Lage betend und flehend eure Bitten mit Dank vor Gott! Und der Friede Gottes, der alles Verstehen übersteigt, wird eure Herzen und eure Gedanken in der Gemeinschaft mit Christus Jesus bewahren (Phil 4, 6 f).

Neuntes Kapitel
Gemeinschaft und Gebet

Tabor und Getsemani

Der Schritt von der Illusion zum Gebet erfordert, daß man sich allmählich von allen falschen Anhänglichkeiten löst und immer mehr ihm überläßt, von dem alles Gute kommt. Es kostet Mut, aus einer Stätte der Geborgenheit ins Unbekannte aufzubrechen, selbst wenn wir wissen, daß die sichere Stätte uns trügerische Geborgenheit bietet und das Unbekannte uns die rettende Geborgenheit in der Liebe Gottes verheißt. Wir empfinden ganz richtig, daß wir sehr verwundbar werden, wenn wir aufgeben, was uns vertraut ist, und uns mit offenen Armen ihm zuwenden, der alles übersteigt, was wir geistig fassen und woran wir uns halten können. Irgendwo spüren wir, daß das Festhalten an unseren Illusionen unser Leben wohl zum Torso machen könnte, daß die Kapitulation aus Liebe aber zum Kreuze führt. Jesu Weg war der Weg der Liebe, aber auch der Weg des Leidens. Zu Petrus hat er gesagt:

... Als du noch jung warst, hast du dich selbst gegürtet und konntest gehen, wohin du wolltest. Wenn du aber alt geworden bist, wirst du deine Hände ausstrecken, und ein anderer wird dich gürten und dich führen, wohin du nicht willst (Joh 21, 18).

Es zeugt von geistlicher Reife, wenn wir die illusorische Herrschaft über uns selbst aufgeben und Gott die Hände entgegenstrecken können. Aber es wäre nur wieder eine neue Illusion, zu glauben, Schmerz und Leid blieben uns erspart, wenn wir uns nach Gott ausstrecken. Er wird uns vielmehr oft dorthin führen, wohin wir nicht wollen. Wir wissen aber, daß wir, ohne dorthin zu gehen, unser Leben nicht gewinnen werden. „... wer sein Leben verliert, ... wird es gewinnen", sagt Jesus (Mt 16,25) und erinnert uns daran, daß die Liebe im Schmerz ihre Läuterung erfährt.

Beten ist daher durchaus nicht süß und leicht. Als Ausdruck unserer größten Liebe erspart es uns nicht den Schmerz. Es führt uns vielmehr tiefer ins Leid, da unsere Liebe zu Gott Liebe zu einem leidenden Gott ist, und unser Eingehen in die liebende Geborgenheit bei Gott ein Eingehen in die Geborgenheit ist, in der alles Menschenleid vom göttlichen Mitleiden umfangen wird. In dem Maß, in dem unser Gebet zum Herzensgebet geworden ist, werden wir mehr lieben und mehr leiden, mehr Licht sehen und mehr Finsternis, mehr Gnade und mehr Sünde, mehr von Gott und mehr vom Menschen. In dem Maß, in dem wir in unser Herz hinabgestiegen sind und uns von dorther Gott zugewandt haben, kann Stille zu Stille, Tiefe zu Tiefe und Herz zu Herz sprechen. Dort findet man Liebe und Schmerz beisammen.

Bei zwei Gelegenheiten hat Jesus seine engsten Freunde Petrus, Johannes und Jakobus, eingeladen, mit ihm ganz persönlich zu beten. Das erste Mal nahm er sie mit auf den Gipfel des Berges Tabor, und dort sahen sie sein Gesicht leuchten wie die Sonne und seine Kleider blendend weiß wie das Licht (Mt 17,2). Das zweite Mal nahm er sie mit in den Garten Getsemani, und dort sahen sie sein Gesicht voller Qualen und seinen Schweiß wie große Blutstropfen zu Boden fallen (Lk 22,44). Das Gebet unseres Herzens führt uns sowohl auf den Tabor wie auch nach Getsemani. Wenn wir Gott in seiner Herrlichkeit gesehen haben, werden wir ihn auch in seinem Elend sehen, und wenn wir das Grauen seiner Erniedrigung gespürt haben, werden wir auch die Schönheit seiner Verklärung erleben.

Die Hesychasten waren sich immer dieser beiden untrennbar miteinander verbundenen Seiten des Gebetes sehr bewußt. Während sie normalerweise beim Gebet die Losgelöstheit betonen, vergleichen sie die höchsten Höhen des

Gebetes ohne Zögern mit der Erleuchtung Moses auf dem Sinai und mit der Verklärung Jesu auf dem Tabor. Theophan, der Klausner, schreibt:

> Wer bereut hat, ist auf dem Weg zu Gott. Der Weg zu Gott ist eine innere Reise, die man im Geist und im Herzen bewerkstelligt. Man muß die Gedanken seines Geistes und die Einstellung seines Herzens so abstimmen, daß die menschliche Seele immer beim Herrn weilt, als ob sie mit ihm vereint sei. Wer so gestimmt ist, wird dauernd von innen her erleuchtet und nimmt die Strahlen des geistlichen Leuchtens in sich auf ... wie Mose, dessen Antlitz auf dem Berg erstrahlte, weil er von Gott erleuchtet wurde[40].

Ist das geduldige Ausharren in Hoffnung die Grundlage des geistlichen Lebens, so wissen wir aber auch, daß es ein Warten voller Freude ist, da wir im Gebet schon die Herrlichkeit dessen schauen, den wir erwarten.

Die Glaubensgemeinschaft

Vieles von dem, was bis jetzt über das Gebet gesagt worden ist, könnte den irrigen Anschein erwecken, Beten sei eine ganz private, individualistische und nahezu geheime Angelegenheit, so persönlich und so tief in unserem Innenleben verborgen, daß man kaum darüber sprechen und erst recht niemanden daran teilnehmen lassen könne. Das Gegenteil ist der Fall. Gerade weil das Gebet so persönlich ist und aus der Tiefe unseres Lebens kommt, soll man andere daran teilnehmen lassen. Gerade weil das Gebet der edelste Ausdruck des Menschseins ist, braucht es dauernd Hilfe und Schutz seitens der Gemeinschaft, damit es wachsen und blühen kann. Gerade weil das Gebet das Höchste ist, wozu wir berufen sind, und sorgfältig gepflegt und treu geübt werden muß, dürfen wir es nicht Privatsache sein lassen. Gerade weil das Gebet geduldiges Ausharren in Hoffnung verlangt, dürfte es nie zum individualistischsten Ausdruck der individualistischsten Gefühlsregung werden, sondern sollte immer in das Leben der Gemeinschaft eingebettet bleiben, der wir angehören.

Gebet als hoffnungsfrohes Warten auf Gott ist wirklich eine unmenschliche oder übermenschliche Zumutung, wenn wir uns nicht dessen bewußt sind, daß wir nicht allein zu warten brauchen. In der Glaubensgemeinschaft können wir das Klima und die Hilfe zum Durchhalten und zur Vertiefung unseres Betens finden, und sie versetzt uns in die Lage, unsere Hoffnung dauernd über unsere unmittelbaren und oft kleinen Privatnöte hinaus auszuweiten. Die Glaubensgemeinschaft bietet die schützenden Grenzen, die es uns erlauben, auf unsere tiefsten Wünsche zu lauschen, nicht, um krankhafter Selbstbeobachtung zu frönen, sondern um Gott ausfindig zu machen, auf den sie hinweisen. In der Glaubensgemeinschaft können wir unseren Einsamkeitsgefühlen, unserer Sehnsucht nach einer Umarmung oder nach einem Kuß, dem Drängen unserer Geschlechtlichkeit, unserem Verlangen nach Sympathie, Mitgefühl oder auch nur nach einem guten Wort Aufmerksamkeit schenken; auch unserer Suche nach Erkenntnis und unserer Hoffnung auf Kameradschaft und Freundschaft. In der Glaubensgemeinschaft können wir auf all diese Regungen oder Verlangen hinhören und den Mut finden, sie nicht zu vermeiden oder zu vertuschen, sondern uns ihnen zu stellen, um mitten unter ihnen Gottes Gegenwart auszumachen. Dort können wir einander im Warten bestärken wie auch in der Erkenntnis, daß der erste vertraute Kontakt mit Gott sich schon mitten in unserem Warten einstellt. Dort können wir in Geduld beisammen sein und das tagtägliche Leid unserer Illusionen in das Beten eines Volkes mit zerknirschtem Herzen verwandeln lassen. Die Glaubensgemeinschaft ist tatsächlich das Klima und der Ursprung jeglichen Betens.

Ein Volk, das Gott geschaffen hat

Das Wort „Gemeinschaft" bezeichnet normalerweise eine Art des Beisammenseins, die uns ein Zugehörigkeitsgefühl vermittelt. Oft klagen Studenten darüber, sie spürten an ihrer Schule nicht viel von Gemeinschaft; Seelsorger und Priester stellen sich die Frage, wie sie in ihren Pfarreien mehr Gemeinschaft bilden können; und Sozialarbeiter versuchen unter dem erdrückenden Einfluß der entfremdenden Kräfte im Leben unserer Zeit mit Macht, in ihrem Arbeitsbezirk Gemeinschaften zu bilden. In all diesen Fällen weist das Wort „Gemeinschaft" auf eine Art der Zusammengehörigkeit, in der die Menschen sich als Angehörige einer größeren Gruppe erleben, in der sie eine sinnvolle Funktion ausüben.

Obgleich man das auch von der christlichen Gemeinde sagen kann, ist es wichtig, sich daran zu erinnern, daß die christliche Gemeinde eine wartende Gemeinde ist, das heißt, eine Gemeinde, die nicht nur Geborgenheit vermittelt, sondern auch das Gefühl des Fremdseins. In der christlichen Gemeinde sagen wir zueinander: „Wir sind beisammen, aber wir können einander nicht ausfüllen ..., wir helfen einander, aber wir müssen einander auch darauf hinweisen, daß unser letztes Ziel jenseits unserer Zusammengehörigkeit liegt." Die Hilfestellung der christlichen Gemeinde ist eine gegenseitige Hilfestellung in der allen gemeinsamen Erwartung. Das ist eine ständige Herausforderung zur Kritik an jedem, der die Gemeinde zur sicheren Zuflucht oder zur heimeligen Clique macht, und eine ständige Ermutigung, nach dem auszuschauen, was noch kommen soll.

Die christliche Gemeinde beruht nicht auf Familienbanden oder sozio-ökonomischer Gleichheit, auf Schicksalsgemeinschaft in Zeiten der Unterdrückung oder des Protestes oder auf gegenseitiger Anziehung, sondern auf der Berufung durch Gott. Die christliche Gemeinde ist nicht das Ergebnis menschlicher Bemühungen. Gott hat uns zu seinem Volk gemacht, als er uns aus „Ägypten" in das „Neue Land", aus der Wüste in fruchtbare Gefilde, aus der Sklaverei in die Freiheit, aus unserer Sünde zum Heil gerufen und uns aus der Gefangenschaft befreit hat. All diese Worte und Bilder drücken aus, daß der erste Anstoß von Gott ausgeht und daß einzig und allein er der Urheber unseres neuen Lebens ist. Daran, daß wir alle in das Neue Jerusalem berufen sind, erkennen wir einander unterwegs als Brüder und Schwestern. Daher heißen wir als Gottes Volk „Ekklesia" – nach dem Griechischen „kaléo = rufen"; und „ek = heraus" – die Gemeinschaft, die aus der alten Welt heraus in die neue Welt gerufen ist.

Da wir heute ungestüm danach verlangen, die Ketten unserer Entfremdung zu sprengen, ist es besonders wichtig, einander darauf hinzuweisen, daß wir als Glieder der christlichen Gemeinde nicht in erster Linie füreinander, sondern für Gott da sind. Unsere Blicke sollten nicht aneinander haften bleiben, sondern nach vorn gerichtet sein, hin zu dem, was am Horizont unseres Daseins aufdämmert. Wir entdecken einander, wenn wir demselben Ruf folgen und einander auf der Suche nach demselben Ziel beistehen. Daher ist die christliche Gemeinde kein geschlossener Kreis von Menschen, die einander in den Armen liegen, sondern eine Gruppe von Gefährten auf dem Marsch, deren Zusammenhalt ein und dieselbe Stimme ist, die von ihnen Beachtung fordert.

Es ist nur verständlich, daß wir in unseren anonymen Großstädten nach Menschen, die „auf unserer Wellenlänge" sind, Ausschau halten, um kleine Gemeinschaften zu bilden. Gebetsgruppen, Bibel-Gruppen und Haus-Kirchen sind allesamt Möglichkeiten, wieder zur Erkenntnis unserer Zugehörigkeit zum Gottesvolk zu gelangen oder sie zu vertiefen. Aber manchmal kann eine falsche Art von Gleichgesinntheit unseren Gemeinschaftssinn einengen. Wir sollten alle die Gesinnung Jesu Christi haben, aber wir brauchen nicht alle die Gesinnung eines Lehrers, eines Zimmermanns, eines Bankdirektors, eines Abgeordneten oder sonst einer gesellschaftlichen oder politischen Gruppierung zu haben. Es verbirgt sich eine tiefe Weisheit darin, daß die Glocke auf dem alten Kirchturm Menschen von unterschiedlichster Herkunft aus ihren Wohnungen ruft, um in Jesus Christus einen einzigen Leib zu bilden. Gerade dadurch, daß wir uns über die vielen persönlichen Unterschiede hinwegsetzen, können wir für Gott Zeugnis ablegen, der sein Licht in gleicher Weise über arm und reich, gesund und krank leuchten läßt. Aber bei dieser Begegnung auf dem Weg zu Gott geschieht es auch, daß uns die Augen für die Not des Nächsten aufgehen und wir beginnen, einander die Wunden zu verbinden.

In den letzten paar Jahren habe ich einer kleinen Gruppe von Studenten angehört, die regelmäßig miteinander Eucharistie gefeiert haben. Wir paßten sehr gut zueinander und hatten unseren „eigenen Stil" gefunden. Die Lieder, die wir sangen, die Ausdrucksweise, deren wir uns bedienten, die Art und Weise, wie wir einander grüßten, alles kam uns ganz natürlich und spontan vor. Aber als ein paar neue Studenten zu uns stießen, stellten wir fest, daß wir damit rechneten, sie würden unseren Stil übernehmen und es auch so machen, „wie es bei uns üblich ist". Wir mußten uns zu der Einsicht bequemen, daß wir zur Clique geworden waren und die Gesinnung Jesu Christi durch unsere eigene ersetzt hatten. Dann entdeckten wir, wie schwer es ist, von liebgewordenen Gewohnheiten zu lassen und den Fremden Platz zu machen, um wieder miteinander beten zu können.

Nicht ohne Grund heißt die Kirche „pilgernde Kirche", die ständig weiterzieht. Die Versuchung, sich in einer komfortablen Oase niederzulassen, ist jedoch oftmals zu verlockend gewesen, und häufig gerät Gottes Ruf in Vergessenheit, und die Einheit zerbricht. Wenn das passiert, fallen nicht nur einzelne, sondern ganze Gruppen der Illusion von sicherer Geborgenheit zum Opfer, und das Gebet schrumpft zu einer Parteiangelegenheit zusammen.

Das erklärt, warum man Vorstellungen, Entwürfe und Verfahren, die man in Gruppen der heutigen Zeit entwickelt und angewandt hat, nicht ohne sorgfältige Prüfung und Abwägung auf die christliche Gemeinde übertragen kann. Wenn wir die christliche Idealgemeinde als eine „glückliche Familie" oder als eine „Gruppe sehr einfühlsamer Menschen" oder als eine „Aktionsgruppe oder Interessenvertretungsgruppe" hinstellen, treffen wir damit nur einen nebensächlichen und oftmals zeitbedingten Wesenszug. Obgleich es hilfreich sein könnte, Verhaltens- und Verfahrensweisen, die aus anderen Formen des Gruppenlebens stammen, in das Leben der christlichen Gemeinde einzubeziehen, werden wir diese Bestrebungen relativieren müssen, indem wir sie dem Selbstverständnis der christlichen Gemeinde als eines von Gott geschaffenen Volkes unterordnen. Viele zwischenmenschliche Abläufe, Lenkungsmechanismen und -methoden, die durch gruppenpsychologische und gruppensoziologische Studien entdeckt worden sind, können tatsächlich zum besseren Verständnis des Lebens der christlichen Gemeinde beitragen. Aber die Einzigartigkeit der christlichen Gemeinde zwingt dazu, daß man sich der eingeschränkten Anwendbarkeit dieser Entdeckungen dauernd bewußt bleibt. Während sie zwischen der ersten und der zweiten Ankunft des Herrn lebt, sieht die christliche Gemeinde ihren Sinn darin, geduldig wartend der Zeit entgegenzuhoffen, in der Gott alles in allem sein wird. Die Glaubensgemeinschaft weist immer über sich hinaus und spricht ihre eigene, einzigartige Sprache, die Sprache des Gebetes.

Die Sprache der Gemeinde

Das Gebet ist die Sprache der christlichen Gemeinde. Im Gebet wird das Wesen der Gemeinde sichtbar, da wir uns im Gebet an den Einen wenden, der der Gemeinde ihre Gestalt gibt. Wir beten nicht zueinander, sondern wir beten miteinander zu Gott, der uns ruft und zu einem neuen Volk macht. Beten ist nicht eins von vielen Dingen, die die Gemeinde verrichtet. Es ist vielmehr ihr eigentliches Wesen. Viele Untersuchungen über das Gebet nehmen das nicht sehr ernst. Manchmal hat es den Anschein, als sei die christliche Gemeinde so mit ihren Vorhaben und Plänen „beschäftigt", daß weder Zeit noch Aufgelegtheit zum Beten bleibt. Aber wenn das Gebet nicht mehr ihr Hauptanliegen ist, und wenn ihre vielen Tätigkeiten nicht mehr als zum Gebet selbst gehörig gesehen und erlebt werden, entartet die Gemeinde schnell zu einem Klub mit einem allen gemeinsamen Ziel, aber ohne eine allen gemeinsame Berufung.

Das Gebet schafft Gemeinde und drückt sie auch aus. Das Gebet ist zunächst die Darstellung der Gegenwart Gottes inmitten seines Volkes und daher auch die Selbstdarstellung der Gemeinde. Ganz deutlich und unübersehbar sind da die Worte, die Gesten und das Schweigen, die zur Bildung der Gemeinde führen. Wenn wir das Wort in uns aufnehmen, erhalten wir nicht nur einen Einblick in Gottes Heilswerk, sondern wir spüren auch, wie ein neues Band uns miteinander eint. Wenn wir den Altar umstehen, Brot essen und Wein trinken, bei der Betrachtung knien oder in einer Prozession einherziehen, begehen wir nicht nur das Gedächtnis des Wirkens Gottes in der Menschheitsgeschichte, sondern wir gewahren seine schöpferische Gegenwart auch hier und jetzt. Wenn wir im stillen Gebet in der Runde sitzen, schaffen wir den Raum, in dem wir spüren, daß der Eine, auf den wir warten, uns schon anrührt, wie er Elija angerührt hat, als er vor der Höhle stand (1 Kön 19, 13).

Aber die gleichen Worte, Gesten und das Schweigen dienen der Gemeinde auch dazu, sich zu dem Einen zu erheben, auf den sie wartet. Die Worte, deren wir uns bedienen, sind Worte der Sehnsucht. Das Stückchen Brot, das wir essen, und der Schluck Wein, den wir trinken, lenken unsere

Aufmerksamkeit auf unseren tiefsten Hunger und Durst, und das Schweigen vertieft unsere Bereitschaft für den Anruf der Stimme Gottes. Daher ist das Beten der Gemeinde auch der Ausdruck ihres Unvollendetseins und ihrer Sehnsucht nach dem Hause Gottes. So feiert die betende Gemeinde Gottes Gegenwart noch im Warten und bekennt seine Abwesenheit schon in der Erkenntnis, daß er bereits in ihrer Mitte ist. So wird Gottes Gegenwart zum Hoffnungszeichen und seine Abwesenheit zum Bußruf.

Als Sprache der Gemeinde ist das Gebet für uns wie eine Muttersprache. Genau wie ein Kind das Sprechen von seinen Eltern, Brüdern, Schwestern und Freunden lernt, aber sich auch noch seine eigene Ausdrucksweise aneignet, so entfaltet sich auch unser privates Gebetsleben in der Geborgenheit der betenden Gemeinde. Manchmal ist es schwer, auf eine eigene, fest umrissene Gruppierung zu verweisen, die wir „unsere Gemeinde" nennen können. Unsere Gemeinde ist oft eine kaum greifbare Größe, die aus Lebenden wie auch aus Verstorbenen, aus Anwesenden wie auch aus Abwesenden, aus Nahen wie auch aus Fernen, aus Alten wie auch aus Jungen besteht. Aber ohne irgendeine Gemeinde kann kein privates Beten entstehen noch sich entfalten. Gemeinsames und privates Beten gehören zusammen wie zwei gefaltete Hände. Ohne eine Gemeinschaft entartet das Privatgebet leicht zu Ichbezogenheit und Überspanntheit, aber ohne privates Gebet wird das Gebet der Gemeinschaft schnell zur leeren Routine. Privatgebet und gemeinschaftliches Gebet kann man nicht voneinander trennen, ohne Schaden anzurichten. Deshalb neigen Seelenführer auch zu großen Bedenken denen gegenüber, die sich absondern wollen, und betonen die Bedeutung einer dauernden Bindung an eine größere Gemeinschaft, in der das Privatgebet Weisung erhalten kann. Deshalb haben eben diese Seelenführer auch immer die einzelnen Mitglieder ihrer Gemeinschaften dazu angehalten, Zeit und Mühe auf das Privatgebet zu verwenden, da sie genau wissen, daß die Gemeinschaft allein nicht genügt, das Verlangen nach dem allerpersönlichsten und engsten Verhältnis eines Menschen zu seinem Gott zu stillen.

Bis zum Jüngsten Tag

Unser Herzensgebet kann innerhalb der Grenzen der Glaubensgemeinschaft stark und tief werden. Die Glaubensgemeinschaft, deren Liebe gestärkt wird durch unsere persönlichen Gebete, kann sie im gemeinsamen Lob- und Dankgebet als Zeichen der Hoffnung zu Gott erheben. Gemeinsam strecken wir uns nach Gott aus weit über unsere vielen persönlichen Beschränkungen hinaus und bieten dabei einander den Freiraum für unsere ganz persönliche Gottsuche. Wir sind vielleicht ganz verschiedene Menschen und haben verschiedene Nationalitäten, Farbe, Vorgeschichten, Charaktere und Ziele, aber Gott hat uns alle aus der Finsternis unserer Illusionen in das Licht seiner Herrlichkeit gerufen. Diese gemeinsame Berufung verwandelt unsere Welt in die Stätte, an der sowohl für Getsemani wie auch für Tabor Raum ist, unsere Zeit in die Zeit geduldigen, aber frohen Wartens auf den Jüngsten Tag, und uns selbst in Brüder und Schwestern füreinander. Der heilige Paulus hält uns an, dieser gemeinsamen Berufung treu zu bleiben, wenn er schreibt:

Ihr ... wißt genau, daß der Tag des Herrn kommt wie ein Dieb in der Nacht ... Ihr aber, Brüder, lebt nicht im Finstern, so daß euch der Tag nicht wie ein Dieb überraschen kann. Ihr alle seid Söhne des Lichts und Söhne des Tages. Wir gehören nicht der Nacht und nicht der Finsternis. Darum wollen wir nicht schlafen wie die andern, sondern wach und nüchtern sein ... und uns rüsten mit dem Panzer des Glaubens und der Liebe und mit dem Helm der Hoffnung auf das Heil. Denn Gott hat uns ... dafür bestimmt, daß wir durch Jesus Christus, unseren Herrn, das Heil erlangen. Er ist für uns gestorben, damit wir vereint mit ihm leben, ob wir nun wachen oder schlafen. Darum tröstet und ermahnt einander, und einer richte den andern auf ... (1 Thess 5, 2–11).

Wenn wir uns einzeln wie auch gemeinsam zu Gott aufmachen und beharrlich die Illusionen abschütteln, die uns gefangenhalten, können wir schon eins werden mit ihm, obgleich wir noch auf den Tag seiner endzeitlichen Wiederkunft warten. Dann werden die Worte des alten Pilgerlieds zu unseren eigenen:

> Ich hebe meine Augen auf zu den Bergen:
> Woher kommt mir Hilfe?
> Meine Hilfe kommt vom Herrn,
> der Himmel und Erde gemacht hat.
>
> Er läßt deinen Fuß nicht wanken;
> er, der dich behütet, schläft nicht.
> Nein, der Hüter Israels
> schläft und schlummert nicht.
> Der Herr ist dein Hüter, der Herr gibt dir Schatten;
> er steht dir zur Seite.
> Bei Tag wird dir die Sonne nicht schaden
> noch der Mond in der Nacht.
>
> Der Herr behüte dich vor allem Bösen,
> er behüte dein Leben.
> Der Herr behüte dich,
> wenn du fortgehst und wiederkommst,
> von nun an bis in Ewigkeit (Ps 121).

Schluß

Am Abend vor seinem Tod sagte Jesus zu seinen Aposteln: Noch kurze Zeit, dann seht ihr mich nicht mehr, und wieder eine kurze Zeit, dann werdet ihr mich sehen ... Ich sage euch: Ihr werdet weinen und klagen, aber die Welt wird sich freuen; ihr werdet bekümmert sein, aber euer Kummer wird sich in Freude verwandeln ... jetzt seid ihr bekümmert, aber ich werde euch wiedersehen; dann wird euer Herz sich freuen, und niemand nimmt euch eure Freude (Joh 16, 16–22).

Wir leben jetzt in dieser kurzen Zeit, einer Zeit, die tatsächlich voller Trauer und Kummer ist. Diese kurze Zeit im Geiste Jesu Christi zu leben, heißt, uns mitten aus unserem Leid auszustrecken und es durch die Liebe dessen, der in unsere Reichweite gekommen ist, zur Freude werden zu lassen. Wir brauchen unsere Einsamkeit, unsere Feindseligkeit und unsere Illusionen nicht abzustreiten oder zu vermeiden. Im Gegenteil: Wenn wir den Mut aufbringen, diese Gegebenheiten ganz in unser Bewußtsein treten zu lassen, sie zu begreifen und zu bekennen, kann man sie allmählich in Stille, Gastfreundschaft und Gebet umwandeln. Damit ist nicht gesagt, daß ein gereiftes geistliches Leben ein Leben ist, in dem unser altes, einsames, feindseliges Ich mit all seinen Illusionen einfach verschwindet, und wir völlig ausgeglichen in friedlicher Gesinnung und mit reinem Herzen leben. Ebenso wie unser Erwachsensein die Spuren der Kämpfe unserer Jugend an sich trägt, so ist unsere Stille von einsamen Stunden gezeichnet, so spiegeln sich in unseren Liebesdiensten manchmal Zorngefühle, und an unserem

Beten zeigen sich manchmal wieder ehemalige und noch vorhandene Illusionen. In Liebe verwandelt, werden diese leidvollen Zeichen zu Zeichen der Hoffnung, ganz wie die Wunden Jesu es für den zweifelnden Thomas geworden sind.

Wenn Gott uns erst einmal mitten in unserem Ringen angerührt und in uns das brennende Verlangen geweckt hat, für immer mit ihm vereint zu sein, werden wir Mut und Zuversicht aufbringen, ihm den Weg zu bahnen und alle, mit denen wir unser Leben teilen, einzuladen, mit uns während dieser kurzen Zeit auf den Tag der vollkommenen Freude zu warten. Von diesem neuen Mut und dieser neuen Zuversicht erfüllt, können wir einander mit dem hoffnungsfrohen Pauluswort an Titus aufrichten: Erschienen ist die Gnade Gottes, um alle Menschen zu retten. Sie erzieht uns dazu, uns von der Gottlosigkeit und den irdischen Begierden loszusagen und besonnen, gerecht und fromm in dieser Welt zu leben, während wir auf die selige Erfüllung unserer Hoffnung warten: auf das Erscheinen der Herrlichkeit unseres großen Gottes und Retters Christus Jesus (Tit 2, 11–13).

Anmerkungen

[1] Göttliche Komödie, Inferno, I, 1 f, zitiert in der Übersetzung von A. Vezin, Freiburg i. Br. 1956.
[2] Walden and Other Writings, New York 1937, 723 f.
[3] Kahlil Gibran, Der Prophet, Olten 1973, 15 f.
[4] Zen Flesh, Zen Bones, eine Anthologie, hrsg. von P. Reps, Garden City, N. Y., 1961, 30 f.
[5] R. M. Rilke, Briefe an einen jungen Dichter, Insel-Bücherei Nr. 406, Leipzig o. J., 10.   [6] Ebd., 23.   [7] Ebd., 32.
[8] Gift from the Sea, New York 1955, 40.   [9] Ebd.
[10] Th. Merton, The Sign of Jonas, Garden City, N. Y., 261.
[11] Th. Merton, Conjectures of a Guilty Bystander, Garden City, N. Y., 1968, 157 f.
[12] A. a. O., 42.   [13] A. a. O., 40.   [14] A. a. O., 50.
[15] Th. Merton, The Sign of Jonas, 323.
[16] Th. Merton, Contemplation in a World of Action, Garden City, N. Y., 161.
[17] Ebd., 165.
[18] H. D. Thoreau, Walden, a. a. O., 65.
[19] Vgl. C. Castaneda, A Separate Reality, New York 1971, bes. 218 f.
[20] Zen Flesh, Zen Bones, a. a. O., 5.
[21] J. B. Metz, Armut im Geiste, München 1962, 52 f.
[22] New York Times vom 11. 8. 1974, Teil 4, 18.
[23] Regulae Breviter Tractatae, 296, II, 2.742 C; vgl. J. E. Bamberger, MNHMH – DIATHESIS, The Psychic Dynamism in the Ascetical Theology of St. Basil, in: Orientalia Christiana Periodica, XXXIV/II, 1968.
[24] The Art of Prayer, hrsg. von Igumen Khariton, London 1966, 119.
[25] Th. Merton, New Seeds of Contemplation, New York 1961, 159.
[26] S. Weil, First and Last Notebooks, Oxford 1970, 99.
[27] Augustinus, Bekenntnisse, Buch VIII, Kap. 12.
[28] Freiburg i. Br. [11]1981.
[29] The Art of Prayer, a. a. O., 9.
[30] „Aufrichtige Erzählungen, a. a. O., 31.   [31] Ebd., 36 f.
[32] Ebd., 38.   [33] Ebd., 39.   [34] Ebd., 39 f.   [35] Ebd., 40.
[36] J. D. Salinger, Franny und Zooey, Reinbek bei Hamburg 1981.
[37] The Art of Prayer, 110.
[38] Vgl. Anthony Bloom, Lebendiges Beten, Freiburg i. Br. 1976; ders., Beginning to Pray, New York, 1970; ders., Courage to Pray, New York 1973.
[39] The Art of Prayer, 110.   [40] Ebd., 73.

Werke von Henri J. M. Nouwen im Verlag Herder:

Gottes Clown sein
Vom Beten und Dienen
5. Auflage. 120 Seiten, Paperback. ISBN 3-451-20544-0

Im Haus des Lebens
Von der Angst zur Liebe
3. Auflage. 120 Seiten, Paperback. ISBN 3-451-20783-4

In ihm das Leben finden
Einübungen
6. Auflage. 104 Seiten, Paperback. ISBN 3-451-19549-6

Sterben, um zu leben
Abschied von meiner Mutter
4. Auflage. 128 Seiten, Paperback. ISBN 3-451-19857-6

Von der geistlichen Kraft der Erinnerung
3. Auflage. 88 Seiten, Paperback. ISBN 3-451-20253-0

Nachts bricht der Tag an
Tagebuch eines geistlichen Lebens
2. Auflage. 272 Seiten, Paperback. ISBN 3-451-21443-1

Geheilt durch seine Wunden
Wege zu menschlicher Seelsorge
144 Seiten, Paperback. ISBN 3-451-20853-9

Seelsorge, die aus dem Herzen kommt
Christliche Menschenführung in der Zukunft
4. Auflage. 80 Seiten, Paperback. ISBN 3-451-21442-3

Schöpferische Seelsorge
2. Auflage. 176 Seiten, gebunden. ISBN 3-451-21544-6

Gebete aus der Stille
Den Weg der Hoffnung gehen
Herderbücherei Nr. 1668
96 Seiten, kartoniert. ISBN 3-451-08668-9

Verlag Herder Freiburg · Basel · Wien